On a remarqué que chacun des trois actes de la divine comédie se termine par le mot *Stelle*, comme si le grand poète, l'œil fixé vers le but, s'était dit en partant : *C'est là qu'il faut marcher.*

Dante, ô Dante! il fallait ton génie pour entreprendre un tel voyage, et ton génie pour l'accomplir.

Et moi qui, pénétré d'admiration pour l'austère magnificence de tes tableaux, ai tenté d'en calquer les traits : puissé-je, en les reproduisant décolorés, les avoir au moins conservés fidèles! Que l'on ignore mon nom! que l'on ignore mes fatigues et mes veilles! Heureux si j'entends dire une seule fois en lisant tes vers dans les miens : « *Dante était un grand poète!* »

FIN DES NOTES.

IMP. DE BOUQUOT.—TROYES.

ÉMILE GRIMAUD

LES VENDÉENS

POËMES

TROISIÈME ÉDITION

AVEC

TRENTE-CINQ EAUX-FORTES

PAR

OCTAVE DE ROCHEBRUNE

NANTES
Vincent FOREST et Émile GRIMAUD
IMPRIMEURS-ÉDITEURS

NIORT
L. CLOUZOT, LIBRAIRE-ÉDITEUR
22, RUE DES HALLES

PARIS
A. LEMERRE, ÉDITEUR

M DCCC LXXVI

3656

Librairie A. LEMERRE, passage Choiseul, 31, Paris

LES VENDÉENS

POËMES

par

ÉMILE GRIMAUD

TROISIÈME ÉDITION

AVEC

TRENTE-CINQ EAUX-FORTES

PAR

OCTAVE DE ROCHEBRUNE

Un livre, dont le succès n'est point douteux, vient de paraître à la librairie A. Lemerre, à Paris. Deux noms aimés de nos amateurs d'art et de poésie se sont unis pour donner à la nouvelle et troisième édition des *Vendéens* tout l'attrait que peuvent désirer des bibliophiles délicats. Le texte, sur magnifique papier de Hollande, format in-quarto, a été soigneusement revu et se trouve aujourd'hui précédé d'un hommage au graveur fontenaisien, qui vient de joindre trente-cinq eaux-fortes, vives, spirituelles et colorées, aux chants patriotiques et religieux du barde luçonnais. Je n'ai pas qualité pour apprécier ce dernier; mais, ayant déjà fidèlement dressé la nomenclature de toutes les pièces sorties du burin de M. Octave de Rochebrune [1], on comprendra que je n'aie garde de négliger l'apparition de cette nouvelle suite de planches, qui accompagnent les beaux poëmes de M. Émile Grimaud.

Quels que soient le sentiment et la fidélité d'une description littéraire, ils laissent toujours dans la pensée un vague, une indécision de la forme exacte, qui ne mettent pas sous les yeux de l'esprit le paysage tel que Dieu l'a créé. Le dessin, cette langue muette, montre à nos regards la physionomie vraie de nos campagnes ou des monuments embellis par leur situation pittoresque; ce qui fait que, par la gravure et la poésie, nous obtenons à la fois l'aspect physique et moral des hommes célèbres ou des lieux qu'ils ont immortalisés. Les livres à figures forment donc un texte complet, où les regards du lecteur vont du récit écrit au récit illustré; et c'est le cas des *Vendéens*.

Un frontispice, trente-quatre eaux-fortes, la marque des imprimeurs, et des gravures sur bois d'après les dessins de M. Octave de Rochebrune, composent la part artistique du beau volume publié par M. Lemerre. Les bornes de ce compte rendu ne me permettent pas d'apprécier une à une toutes ces gravures; je réserve cette analyse pour la suite du Catalogue raisonné de l'œuvre du maître; mais je ne veux pas renvoyer au lendemain pour dire tout le bien que je pense des planches que je viens d'examiner avec le plus vif intérêt.

Les Grands Châtaigniers de la Citardière représentent un paysage plein de lumière et dessiné comme on dessine peu de nos jours, où règne l'école des impressions fugitives, des à peu

---

[1] Une deuxième édition du *Catalogue de l'œuvre de M. O. de Rochebrune* paraitra prochainement et comprendra toutes les planches publiées jusqu'en 1876.

près, mais où l'on néglige de plus en plus le sentiment de la forme consciencieuse et patiemment étudiée. — *Le Marais vendéen* et *le Puits-d'Enfer*, où l'on retrouve l'influence des grands artistes de la Hollande, notamment dans la dernière gravure, qui me fait ressouvenir de la *Tempête* de Jacques Ruysdaël. — Le *Colysée*, cette splendide et monumentale ruine de l'antique Rome, eau-forte qu'on dirait sortie des portefeuilles d'Hubert Robert.

J'arrive à des sujets qui nous touchent de près : *Le Château de Nantes* et les deux vues du vieux *Bouffay*, cette forteresse féodale entée sur le castrum romain qui défendait la cité des Namnètes, au passage le plus fréquenté de la Loire; le Bouffay, qui résumait les annales nantaises, mais que notre siècle novateur a fait disparaître, et que les amis des vieux souvenirs seront heureux de retrouver dans le volume des *Vendéens*. — *Le Château* et *le Calvaire de Mervent*, qui nous montrent des sites du Bocage capables de rivaliser avec ceux de l'Auvergne; — *le Château de Saumur*, cantonné de ses quatre donjons; — *Carnac et la presqu'île de Quiberon*, où sont heureusement mêlés les grands souvenirs celtiques du moyen âge et des temps modernes que garde ce petit coin de terre; — *l'Habitation de Bonchamps*, digne pendant de celle de *Cathelineau* et le manoir de *la Pénissière*; — les châteaux de *Josselin* et de *Fougères*, l'un avec ses vieilles tours hourdées, l'autre avec ses élégantes lucarnes du XVe siècle; — ceux de *Vitré* et d'*Aspremont*, importantes constructions féodales de la Bretagne et de la Vendée, mais ignorées de bien des archéologues; — *Clisson* et son *bastion des Ormes*, que tous les touristes anglais connaissent et dont le livre des visiteurs est surchargé d'annotations, qui prouvent, comme l'a dit Jules Sandeau, que, « si l'esprit court les rues, il ne court pas les grands chemins ».

Je ne dois pas oublier les détails de la pièce de canon devenue légendaire, la fameuse *Marie-Jeanne,* que les Vendéens conduisaient au feu en chantant :

> Tu auras bien du mal, Marie-Jeanne !
> Marie-Jeanne, tu auras bien du mal !
> — Si j'ai du mal,
> Ça m'est égal :
> J'aurai des camarades !

La rime n'est pas riche, comme dirait Alceste, mais on retrouve dans cet air de bivouac l'humeur joyeuse et guerrière des chouans et des bleus.

Enfin, je termine ce trop court aperçu, en mentionnant deux gravures qui reproduisent les souvenirs les plus intimes de l'artiste : *Terre-Neuve* et *le Fougeroux,* résidences bien-aimées du graveur et de ceux qui lui sont le plus chers ; — *Terre-Neuve* surtout, car *Terre-Neuve,* c'est la vie entière de l'artiste, et c'est là que son nom, si célèbre qu'il devienne, restera le plus longtemps attaché.

Les bibliophiles ont donc, dans cette nouvelle édition des *Vendéens,* mieux qu'un beau livre de poésies inspirées par les grands jours de la Vendée ; ils ont un album des sites les plus historiques, les plus pittoresques et les plus heureusement réussis, qui soient sortis de l'atelier de Terre-Neuve.

Charles Marionneau.

(Revue de Bretagne et de Vendée.)

Les Vendéens sont imprimés, format in-quarto, sur papier de Hollande, avec titre rouge et noir, et n'ont été tirés qu'à 325 exemplaires, numérotés à la presse.

Pour les recevoir *franco*, adresser, en un mandat-poste, quarante francs à M. A. Lemerre, éditeur, passage Choiseul, 31, à Paris.

Nantes. — Imp. Vincent Forest et Émile Grimaud, place du Commerce, 4.

LES VENDÉENS

TIRAGE :

325 EXEMPLAIRES SUR PAPIER VERGÉ

N° 314

ÉMILE GRIMAUD

LES VENDÉENS

POËMES

TROISIÈME ÉDITION

AVEC

TRENTE-CINQ EAUX-FORTES

PAR

OCTAVE DE ROCHEBRUNE

NANTES
Vincent FOREST et Émile GRIMAUD
IMPRIMEURS-ÉDITEURS

NIORT
L. CLOUZOT, LIBRAIRE-ÉDITEUR
22, RUE DES HALLES

PARIS
A. LEMERRE, ÉDITEUR

M DCCC LXXVI

A

LA VENDÉE

NOUS DÉDIONS PLEINS D'AMOUR FILIAL

CETTE ŒUVRE FRATERNELLE

TROP FAIBLE TRADUCTION DE SON HÉROISME

ET DE

SES BEAUTÉS PITTORESQUES

ÉMILE GRIMAUD   OCTAVE DE ROCHEBRUNE

TERRE-NEUVE
A MA CHÈRE ALIX

TERRE-NEUVE

A OCTAVE DE ROCHEBRUNE

Ars anima mundi.
(Devise de l'atelier de Terre-Neuve.)

I

 adis *à la Vendée offrant sa propre histoire,*
— Ce livre si petit pour tenir tant de gloire, —
Vous le savez, ami, mon frère désormais,
Je disais, en fermant ces pages que j'aimais :
« Si l'oubli doit peser sur mon œuvre éphémère,

» *Du moins, pour adoucir cette pensée amère,*
» *Du moins me reste-t-il l'honneur d'avoir tenté*
» *De peindre nos héros avec simplicité.*
» *Modeste précurseur que le Seigneur envoie,*
» *J'ai marché le premier pour aplanir la voie,*
» *J'ai retourné la glèbe, et j'ai semé le grain*
» *Que viendra moissonner un maître souverain.*
» *Il sera le soleil, et moi je suis l'aurore*
» *Qui devant l'astre-roi pâlit et s'évapore.*
» *Pour mon nom si mon luth a vibré sans profits,*
» *Qu'importe ? il a vibré sous les doigts d'un bon fils !*
» *Si j'ai balbutié les vertus de ma mère,*
» *Peut-être ai-je hâté la naissance d'Homère ?*
» *Peut-être ai-je éveillé sa muse, s'il est né ?*
» *— Le Poëte ouvrira mon livre abandonné,*
» *Et sa main, en fouillant dans mon œuvre grossière,*
» *Y trouvera, qui sait ? cachés sous la poussière,*
» *Quelque perle ternie et quelque diamant,*
» *Qui, polis par son art, feront son ornement,*
» *Et quelque fleur des champs qui, par lui ranimée,*
» *Imprègnera son vers d'une haleine embaumée ;*
» *De mon cuivre il saura séparer un peu d'or,*
» *Et de son riche écrin en grossir le trésor.* »

CLISSON

La Poterne

II

Quand je chantais ainsi devant mon œuvre vaine,
Je pleurais comme un père en face du tombeau
Où le fils né du sang le plus pur de sa veine,
Éteignit le sourire à ses regards si beau.

L'enfant dont j'avais vu se clore la paupière,
La mort ou le sommeil l'avait-il endormi?...
Vous vîntes, et du doigt touchant l'étroite pierre :
— « Lève-toi, dites-vous, enfant de mon ami ! »

Oui! ce livre à présent sort de l'ombre : il existe !
La vigueur lui manquait; de vous il la reçoit.
Le barde peut faiblir ; en vous, robuste artiste,
La fatigue, l'effort jamais ne s'aperçoit.

Oh! comme avec ferveur nous remplissons nos rôles !
A vous les champs, les bois, les vallons, les hauteurs ;
A moi nos Paysans, leurs faits et leurs paroles ;
A vous le grand théâtre, à moi les grands acteurs.

Maître, grâces à vous !... Notre épopée est faite !
En enlaçant ma plume à votre fier burin,
Vous changeâtes — je sens qu'ici je suis prophète —
Un livre périssable en un livre d'airain.

Car vous êtes, ami, de l'énergique race
Des lutteurs patients, par l'obstacle grandis ;
De ceux-là dont le Ciel aime et soutient l'audace,
Se jouant de sommets en sommets plus hardis.

Car vous serez compté parmi les rares âmes
A qui se révéla la suprême Beauté,
Mortels qui, consumés d'inextinguibles flammes,
Montent par cet amour à l'immortalité.

Ah ! votre vie est belle, il faut qu'on la contemple :
Elle est pleine de foi, d'honneur, de loyauté ;
Mais surtout le travail — ô riches, quel exemple ! —
Habite près de vous, hôte toujours fêté.

A l'heure où devant Dieu vous irez comparaître,
Vous irez sans trembler, sans baisser le regard :
— « Ma gerbe, direz-vous, la voici, divin Maître.
» Artiste, j'ai creusé le sillon de mon art. »

BOIS DE LA FOLIE

Pouzauges

N°200

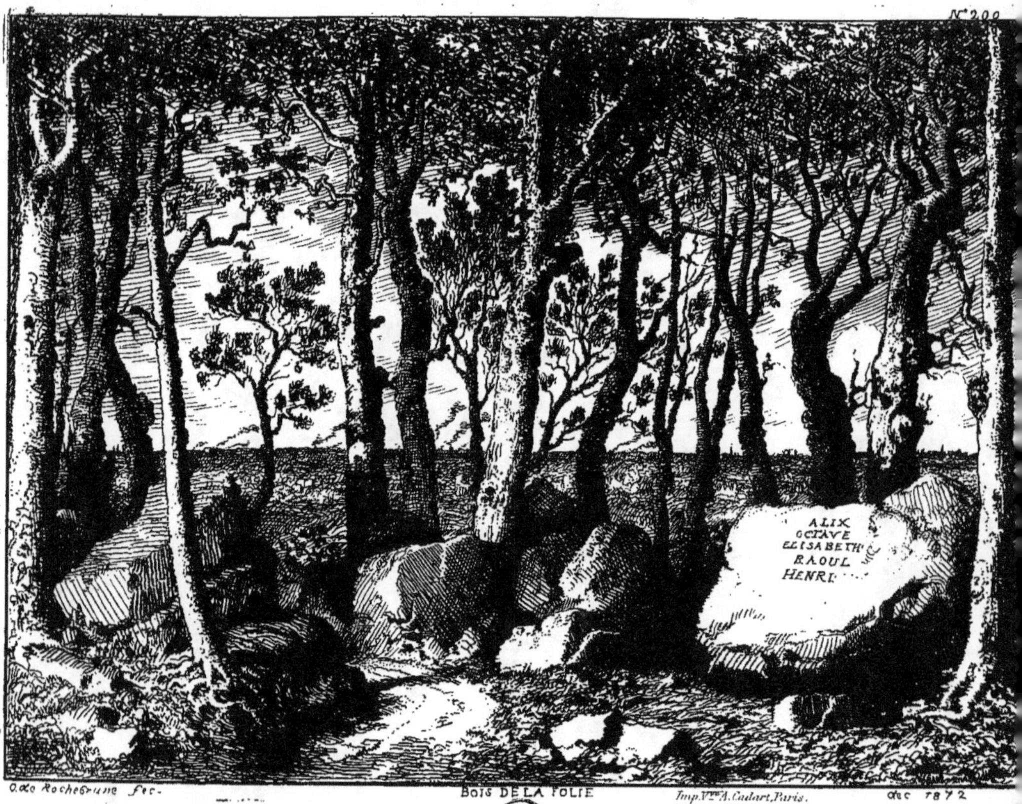

O. de Rochebrune fec. — BOIS DE LA FOLIE — Imp. Vve A. Cadart, Paris. — déc 1872

A cette heure où se tait enfin la pâle envie,
L'homme prononcera son juste jugement,
Et la postérité, de plus en plus ravie,
Pieuse, veillera sur votre monument.

Que le temps vous dissolve ou le feu vous dévore,
Palais de nos vieux rois, palais du Roi du ciel,
Vos murs auront croulé que vous vivrez encore :
Vos merveilles sont là, dans un cuivre immortel.

Et vous, heureux manoir, brillant d'un double lustre,
Terre-Neuve, où fleurit le labeur glorieux,
Rochebrune et Rapin vous auront fait illustre :
A votre ombre ils vivaient, et vous vivrez par eux !

LE SAINT D'ANJOU

LE SAINT D'ANJOU

MARS — JUILLET 1793

I

LES CONSCRITS

'ÉTAIT au Pin-en-Mauge, un beau matin de mars :
Pâtres et laboureurs aux champs étaient épars;
On entendait hennir, à de courts intervalles,
Les chevaux sur les prés répondant aux cavales,
Et les agneaux se plaindre en d'aigres bêlements,
Et les bœufs prolonger leurs sourds gémissements.

L'alouette chantait en s'élançant aux nues ;
Maints et maints oisillons, parmi les branches nues,
Sautaient, tout réjouis de voir que le printemps
Allait mettre aux rameaux les ombrages flottants.

La paix qui règne aux champs règne dans le village :
L'épouse, sous le toit, vaque aux soins du ménage,
Console, en le berçant, les pleurs du nouveau-né,
Et pour les travailleurs prépare le dîné.
Au soleil, sur le banc, l'aïeule au pied débile
Vient s'asseoir, à son sein met la quenouille et file,
Et baisse son regard mélancolique et doux
Sur les fils de ses fils jouant à ses genoux,
Auprès du chien qui dort étendu sur la terre.

O souriante paix du hameau solitaire !

Écoutez ! écoutez ! — Un bruit faible, incertain,
Éveille des vallons l'écho le plus lointain.
Serait-ce un de ces airs pleins de mélancolie
Que dit l'homme des champs, pour que son corps oublie
La saison rigoureuse ou les rudes travaux,
Et qui semblent aussi charmer les animaux ?...

La clameur retentit au centre du village.
De jeunes paysans jettent sur leur passage
Ces chants triomphateurs, entremêlés de cris ;

Et soudain vous verriez les habitants surpris
De partout accourir.

            Devant l'église antique,
La cause de leur joie, un des chanteurs l'explique :
— Tous les gars du canton, au tirage appelés,
Étaient à Saint-Florent, la veille, rassemblés ;
Ils allaient à la fête et non pas au supplice,
Et d'un œil méprisant regardaient la milice.
Voici l'urne du sort : on la leur montre en vain.
Tour à tour on proclame un nom... Chaque Angevin,
Impassible, muet, demeurait à sa place,
Ainsi qu'une statue, ainsi qu'un bloc de glace ;
On l'eût dit par la mort frappé subitement...
Pourquoi les supplier ? De leur entêtement
Pourquoi leur retracer les suites regrettables ?
Devant toute menace ils sont inébranlables !

Ils entendaient bientôt un canon qui roulait.
Sans atteindre personne, il décharge un boulet.
Alors un cri s'élève, un cri terrible, immense,
Comme un rugissement de la mer en démence :
Brandissant leurs bâtons, rapides, les conscrits
S'élancent d'un seul bond, et le canon est pris,
La milice est en fuite... Affranchis du tirage,
Par les sentiers connus ils gagnent leur village,
Toujours prêts à servir, à mourir pour le roi,
Mais non point à subir le joug d'une autre loi !

II

APPEL AUX ARMES

Dans l'étroite maison qui, de chaume couverte,
Sur le bord de la place au soleil est ouverte,
Et qui lie à son mur la façade d'un four,
Un homme travaillait depuis l'aube du jour ;
Il pétrissait le pain qu'il faut pour la semaine,
Car il a cinq enfants, ce colporteur de laine.
Mais lorsque avec leurs chants les conscrits sont venus,
Il a quitté sa tâche, essuyé ses bras nus,
Mis sa veste, et, debout au seuil de sa chaumière,
Il se tient, attentif.

     Sa taille est haute et fière ;
Il a ce chapeau noir de tous nos paysans,
Qui garde de la pluie et des rayons cuisants ;
Sa longue chevelure encadre son visage,
Où la candeur s'allie à la vigueur de l'âge ;
Sa bouche aime à sourire, et, modeste, serein,
D'une douce bonté son regard est empreint.

Le récit terminé, vers le groupe il s'avance.
On s'écarte, on l'entoure, on l'écoute en silence.

Nul ne lui connaissait et ce geste assuré,
Et cette voix vibrante, et cet œil inspiré :

— « Ce que vous avez fait, c'est une œuvre bien faite,
Et qui veut, mes amis, de pareils chants de fête.
Les hommes d'un cœur franc, tous les hommes d'ici,
A vous, ô jeunes gens! doivent crier : Merci!
Après le Roi d'en haut, qui vous a donné l'être,
Ici-bas vous n'avez qu'un seul roi, qu'un seul maître.
S'il lui faut des soldats, qu'il parle, et, sans chagrin,
Sac au dos, vous partez, vous, les semeurs de grain.
Mais lorsque des sujets osent pousser le crime
Jusqu'à déposséder le maître légitime,
Lorsque le souverain par eux est égorgé,
De toute obéissance on est bien dégagé!...
De ces monstres jamais vous ne serez complices ;
Quand le fer et le feu, quand les derniers supplices
S'uniraient contre vous, jamais vos ennemis
Ne pourront triompher de vos cœurs insoumis!...

» Prenez garde à présent! — Chacun de vous, sans doute,
De sa ferme, joyeux, va reprendre la route ;
Et puis, sur les sillons il courbera son corps,
Aux travaux suspendus appliquant ses efforts.
Il ne songera pas, en cultivant la terre,
Qu'une loi des tyrans punit le réfractaire ;
Et des soldats, un jour, cerneront sa maison,

Et devant le conscrit s'ouvrira la prison.
Ou, si vous déjouez leur ardente poursuite,
Dans nos halliers touffus prompts à chercher la fuite,
Quand longtemps vous aurez trompé leurs pas errants,
Leur courroux tombera sur vos pauvres parents.
Un soir, en regardant de loin votre chaumière,
Vous verrez s'élancer une affreuse lumière :
Avec tout le village, hélas ! ce toit aimé,
Par le feu, leur vengeur, il sera consumé !...

» Qui donc ne s'attendrait à quelque dure épreuve ?
De ces malheurs futurs n'avons-nous pas la preuve ?
Cherchez au presbytère — il est devant vos yeux —
Celui qui nous guidait dans le chemin des cieux :
Le presbytère est vide !... A l'église, peut-être,
Au pied de nos autels trouverez-vous le prêtre ?
A l'église déserte en vain vous le cherchez !
Les prêtres ! des hameaux ils les ont arrachés !
Le pain qui consolait, qui nourrissait notre âme,
A la table sacrée en vain on le réclame ;
Le pasteur n'est plus là pour soulager nos maux,
Et, chrétiens, nous mourons comme des animaux !
Pour répandre l'eau sainte et prier sur la bière,
Il n'accompagne plus les corps au cimetière...
Ah ! s'il en est ainsi longtemps, je vous le dis,
Au jour du Jugement, nous serons tous maudits !...

» Oui ! notre cause est juste, il nous faut la défendre !
Attendrons-nous qu'ici l'on vienne nous surprendre ?
Désertons la charrue, abandonnons nos champs,
Allons de nos foyers écarter les méchants !
Oui ! notre cause est sainte, une voix me l'atteste ;
Marchons et combattons, le Ciel fera le reste ! »

Et les conscrits : — « Oh ! oui, repoussons ces affronts !
Marche, Cathelineau ! marche, nous te suivrons ! »

III

DIEU LE VEUT

Or ses petits enfants s'attachent à sa trace,
Et sa femme, en pleurant, le supplie et l'embrasse,
Et lui montre ses fils : — Les pauvres innocents !
Ils périront de faim, car leurs bras impuissants
Ne sauraient supporter les travaux de leur père.
Encor s'il revenait ! mais elle en désespère :
La guerre est si cruelle !... Ah ! le sort ennemi
Le couchera, sans doute, à jamais endormi,
Privé de sépulture, au loin, dans la campagne !
Et ses cinq orphelins et sa triste compagne
L'appelleront toujours, toujours versant des pleurs.
Heureux si la mort vient terminer leurs douleurs ! —

Ce tableau déchirant et ces cris de détresse
Au cœur du paysan ont glacé l'allégresse.
Pourtant il se relève : un éclat radieux
Inonde son visage, et, la main vers les cieux :

— « De vous abandonner, oh ! tout mon cœur s'afflige !
Mais ne m'arrêtez pas, Dieu lui-même l'exige !
C'est Dieu qui me choisit, Dieu qui met dans mon sein
Cette ardeur, et m'inspire un si vaillant dessein !
Je suis son serviteur, j'obéis, je m'incline.
Il saura de mon toit écarter la famine ;
Voulant que j'y revienne, — au plus fort des combats,
Il saura de ma tête écarter le trépas ! »

Il dit, et, l'œil brillant d'une flamme guerrière,
Il s'éloigne aussitôt de sa pauvre chaumière.

O chaumière ignorée au milieu des grands bois !
On viendra t'admirer comme un palais de rois,
Tu seras glorieuse, et tes humbles murailles
Entendront raconter d'incroyables batailles.
Tu gardais, ô chaumière ! un héros dans l'oubli :
Il part... et de son nom le Bocage est rempli !

IV

LE TOCSIN

Conscrits, parents, amis, ils sont à peine trente,
Mais tous, le cœur brûlant d'une ardeur dévorante,
Tous pensant que leur bras s'était trop reposé,
Ils chantent en suivant leur chef improvisé.

A la Poitevinière il conduit sa cohorte ;
Il parle, et l'on accourt pour lui prêter main-forte.
La cloche, par son ordre ébranlée en sa tour,
Résonne, et fait appel aux hommes d'alentour.

— Premier son du tocsin, gagne de proche en proche !
Que dans mille hameaux retentisse la cloche,
Et l'on sentira mieux qu'un aussi beau dessein
Est inspiré d'en haut, par la voix du lieu saint !

Le paysan retient ses grands bœufs et l'écoute ;
Il se tourne, étonné, vers ce signal, et doute
S'il n'est pas le jouet d'une erreur de ses sens...
Mais il entend monter des cris retentissants.
Il rentre à sa demeure, il prend une arme, il prie,

Agenouillé devant l'image de Marie,
Puis embrasse les siens, et, par les jeunes blés,
Court rejoindre là-bas ses frères assemblés.

Comme un flocon roulant de la montagne blanche,
Qui grossit, et grossit, et devient avalanche ;
Comme un ruisseau naissant et qui gonfle ses eaux
Des eaux que dans son cours lui versent vingt ruisseaux,
Cathelineau joyeux voit s'augmenter sa troupe,
Ici, d'un homme seul, et là, d'un petit groupe ;
Le nombre en croît toujours. Se retournant vers eux :
— « Enfants ! c'est de Jallais qu'il faut chasser les Bleus ! »

Ah ! les Bleus pourraient-ils concevoir des alarmes,
En voyant ces soldats qui n'ont pour toutes armes
Que des faux à l'envers, des fourches, des bâtons,
Et qui marchent sans ordre, ainsi que des moutons ?...

Au pied du vieux château, sur la haute colline,
Les Bleus pointent en vain ce canon qui domine ;
En vain quelques boulets sur les Blancs ont passé :
Aucun d'eux ne s'effraie, aucun d'eux n'est blessé.
— « Voilà nos ennemis ! » — dit leur chef. On s'élance,
Et fusils et canon sont réduits au silence.

— Salut, *Missionnaire !* un seul autre canon
Parmi les Vendéens atteindra ton renom ;

A te servir leur main sera bientôt savante :
Comme tu vas semer la mort et l'épouvante !

Cathelineau leur laisse à peine le moment
De rompre le pain noir, leur grossier aliment :

— « Allons à Chemillé, mes enfants ! la journée
Par ce succès plus beau sera mieux couronnée ! »

Ils partent, et leur nombre est si bien augmenté
Par tant et tant de gens de bonne volonté,
Que devant Chemillé la troupe conquérante,
La troupe ce matin ne s'élevant qu'à trente,
Compte cinq cents soldats, attirés dans son sein
Par le bruit de la poudre et le son du tocsin.

Ils prennent Chemillé.

     Sur la place publique,
Où de la liberté croît l'arbre symbolique,
Autour d'un feu de joie ils se groupent en rond.
Pour en nourrir la flamme ils ont coupé ce tronc,
Qui n'offre à leur esprit qu'une odieuse idée.
Insignes et décrets qu'abhorre la Vendée,
Écharpes et drapeaux, ils jettent tout au feu,
Et, dansant et chantant, s'animent à ce jeu.

Soudain Cathelineau : — « Mes amis, rendons gloire
Au bon Dieu qui nous donne une double victoire ;
Demandons qu'il nous guide et qu'il veille sur nous ! »

Et la foule, à ces mots, est tombée à genoux,
Et chaque paysan priait, et vers la nue,
Le chapelet en main, levait sa tête nue :
Parfois un grand silence, et puis, subitement,
Comme autour d'une ruche, un sourd bourdonnement.

Au loin, de ces combats on sentait la fumée,
Et d'incessants renforts élargissaient l'Armée ;
Et quand l'aurore au ciel brilla, le lendemain,
De Chollet les vainqueurs inondaient le chemin.
Les vallons résonnaient de leurs pieux cantiques,
Qu'interrompaient souvent des transports frénétiques :
C'étaient René Forêt et ses gens, Tonnelet,
Ou les douze cent gars soulevés par Stofflet.
Lorsque les insurgés atteignirent la ville,
Qui les aurait comptés en eût trouvé trois mille.

Chollet, fier de sa force, oppose aux paysans
Fantassins, beaux dragons aux casques reluisants,
Gardes nationaux, épaisse artillerie :
Tout cède à leurs bâtons, tout cède à leur furie !
Sabres, fusils, canons, et caissons, et chevaux,
Rien désormais ne manque à leurs combats nouveaux.

Impatients de vaincre, ils ne tarderont guère
A tourner sur les Bleus ces instruments de guerre.
Le lendemain du jour qui vit tomber Chollet,
Dans les champs de Vihiers leur troupe *s'égaillait,*
Et tout en maudissant sa tactique grossière,
Les ennemis fuyaient ou mordaient la poussière.

Un canon précieux était dans le butin,
A qui le ciel gardait un immortel destin,
Un canon qui semblait sortir de la fournaise :
C'était à Richelieu que le roi Louis Treize
Avait donné ce bronze, enrichi, festonné
De reliefs curieux dont l'œil est étonné.
Il ornait le manoir du cardinal-ministre.
Quand des combats civils sonna l'heure sinistre,
Les Bleus l'avaient tiré de son profond repos,
Et ses coups meurtriers tonnaient sous leurs drapeaux.

Sur ce bronze fumant que le succès leur donne,
Les paysans croient voir les traits de la Madone ;
Et les voilà priant à l'entour du canon,
Qu'ils baptisent soudain : — *Marie-Jeanne* est son nom.

Ils essayaient bientôt sa vertu dans Chalonnes.
Là, son terrible feu décimait les colonnes,
Le sol était jonché, de la même façon
Qu'un champ où la faucille a couché la moisson.

Votre moisson, à vous, Vendéens, elle est faite;
Écoutez votre chef : — « Voici venir la fête,
Voici Pâques, chrétiens, regagnons les hameaux ;
Nos femmes, nos enfants, succombant à leurs maux,
Demandent au Seigneur que la paix nous ramène :
Allons leur raconter notre bonne semaine.
Mais tout n'est pas fini, car l'Esprit infernal
Pousse nos ennemis : soyez prêts au signal ! »

V

LA FÊTE DE PAQUES

C'est la saison charmante où les feuilles timides,
Toutes pâles encore et de rosée humides,
Entr'ouvrent les bourgeons au souffle du printemps.
Les oiseaux, que l'hiver rendit muets longtemps,
Gazouillent sur la haie où l'épine est fleurie ;
Et le blé dans le champ, l'herbe dans la prairie,
Sentant que de frimas ils ne sont plus couverts,
Frémissent au zéphyr et se dressent plus verts.
Avril éclôt demain ; déjà la pâquerette
Ouvre au sein du gazon sa fraîche collerette ;
Les buissons vont s'emplir d'enivrantes senteurs,
Et de nids où naîtront des essaims de chanteurs.
— Le regard du soleil plongeait dans les vallées,

Quand la cloche du Pin sonne à toutes volées.
Il annonce aux chrétiens, ce pieux carillon,
Que Jésus de la mort a vaincu l'aiguillon ;
A venir célébrer sa gloire il les convie :
La table du festin va leur être servie !

Les bandes se hâtaient par les petits chemins,
Et l'on se rejoignait ; les mains pressaient les mains,
Les yeux étincelaient : on jouissait ensemble
Du succès inouï qui dans ce jour rassemble
Le troupeau, désolé, car, durant ces deux ans,
Il n'a point de l'Église entendu les accents.

L'office commença. — La nef était remplie
D'une innombrable foule humblement recueillie.
Les paysans tenaient, sur la dalle à genoux,
Leur chapeau, leur rosaire et leur bâton de houx.
Des fleurs jetaient leur baume à l'autel de la Vierge ;
De l'odeur qu'en brûlant exhale chaque cierge
Se pénétraient les airs, les flots d'encens montaient,
Et la foi s'embrasait, et les cœurs s'exaltaient.

Dans leurs cœurs de croyants, oh ! quel temple modeste
Ils offrent à Jésus, à leur hôte céleste !
Tous ils vont recevoir, des doigts de leur pasteur,
L'hostie où s'est voilé le divin Rédempteur.

Dans la foule perdu, sans rien qui le désigne,
Si ce n'est ce reflet d'une ferveur insigne,
Ce chaud rayonnement qui sur son front a lui,
Cathelineau s'approche et prend part, aussi lui,
Au repas des élus, au banquet adorable.
L'extase le revêt d'un éclat admirable,
Et l'ange prosterné devant le Tout-Puissant
N'est pas plus radieux que cet homme innocent.
— « C'est le *Saint de l'Anjou !* » crie une âme inspirée :
Sa tête est par ce nimbe à jamais éclairée.

VI

UN ÉCHEC

Les prêtres ont quitté leurs *caches* dans les bois ;
L'Agneau pascal s'immole en cent bourgs à la fois,
Et tous les Vendéens ont puisé le courage
De défendre en héros leur culte qu'on outrage.
Ils ne peuvent songer aux agrestes travaux :
Quels immenses apprêts avaient faits leurs rivaux !
Les soldats sont partout ; il n'est point de village
Où leurs mains n'aient porté la flamme et le pillage,
Et, gorgés de butin, ils traversent les champs,
Blasphémant le Seigneur, hurlant d'horribles chants,

Et joyeux quand, au point de deux routes croisées,
Ils ont couvert le sol de pauvres croix brisées.

Or le Bocage entier marche spontanément,
Pour verser sur l'impie un juste châtiment.
Et les jours se suivaient, et les blanches bannières
Dominaient de leurs plis les cités prisonnières :
Vezins, Beaupreau, Thouars qui, d'assaut emporté,
Sut combien les *Brigands* avaient d'humanité.

Un revers va punir un projet téméraire.
Cathelineau pourtant cherche à les y soustraire :
— Aux murs de Fontenay pourquoi si tôt marcher ?
Les chefs ignorent-ils que l'amour du clocher,
Le besoin de revoir le toit de la chaumière
Et les lieux doux témoins de l'enfance première,
Et la femme, et l'aïeul sous l'âge chancelant ;
Que le linge à changer contre du linge blanc,
Le coup d'œil à donner aux récoltes futures,
Le soin des bestiaux attendant leurs pâtures ;
Que, sérieux ou vains, ces motifs différents
De la Royale Armée ont affaibli les rangs ?...
Il faut — ou l'on perdra le fruit de dix journées —
Que les forces au choc soient toutes retournées.

Les chefs par sa raison ne sont point convaincus,
Et devant Fontenay Chalbos les a vaincus !

On fuit en s'écriant : « *Vive le Roi quand même !* »
Mais les cœurs sont remplis d'une amertume extrême :
— Quelle ardeur dans la lutte auront-ils désormais ?
Le Ciel les abandonne, ils ne vaincront jamais.
Celle qu'ils chérissaient cent fois plus que leur vie,
Marie-Jeanne ! elle vient de leur être ravie !...
Marie-Jeanne ! ah ! c'était leur trésor, leur enfant,
Et le palladium sacré qui les défend !
Aux moins braves sa voix donnait de la vaillance.
Si parfois la fatigue ou quelque défaillance
Troublait dans l'action leur courage abattu,
L'aspect du canon saint ranimait leur vertu ;
Et celui qu'atteignait une balle trop sûre,
Lui demandait tout bas de venger sa blessure ;
Et celui qui tombait, au trépas condamné,
Mourant, cherchait les traits dont le bronze est orné,
Afin que la Madone, au ciel comme sur terre,
Accordât à son âme un secours salutaire !

VII

LA CHAUMIÈRE

Au fond est le foyer où, depuis le matin,
S'échappe un filet bleu du tison qui s'éteint.
Une planche enfumée et qui couronne l'âtre,

CHAUMIÈRE DE CATHELINEAU

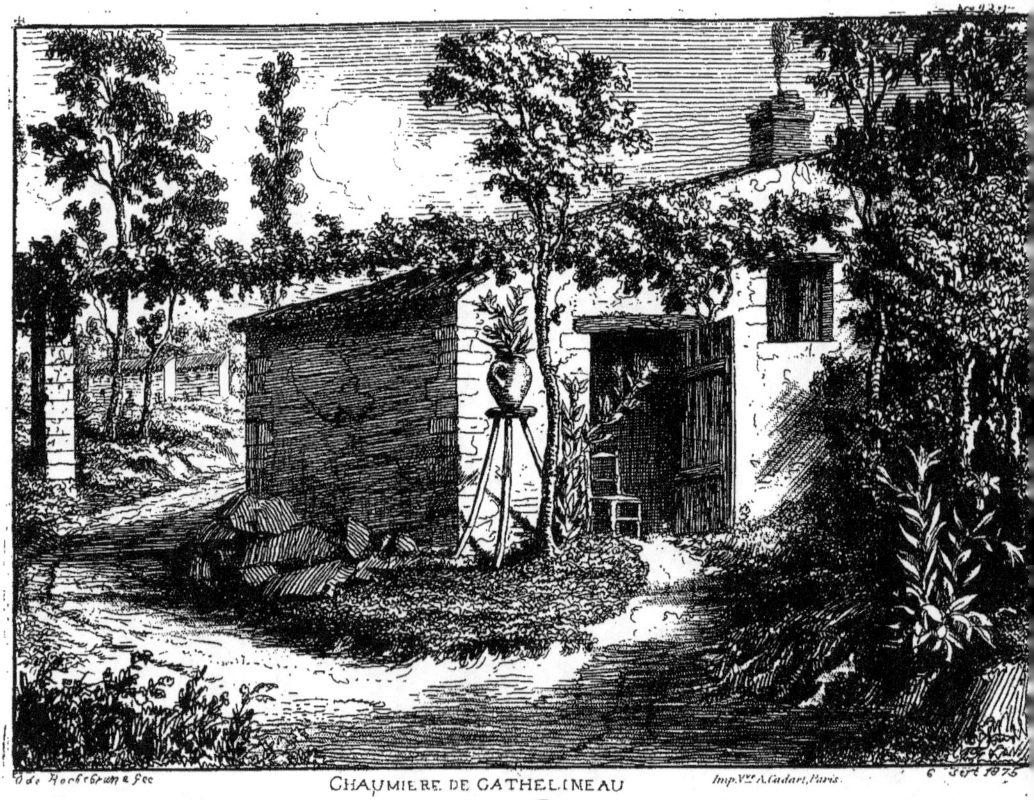

O de Rochebrune fec

CHAUMIERE DE CATHELINEAU

Imp. Vve A. Cadart, Paris.

6 Sept 1875

Porte une Vierge peinte et deux anges de plâtre ;
Le fusil, au dessus de ces objets pieux,
Le fusil du chasseur semble veiller sur eux.
Dans les coins de la chambre, et devant la fenêtre,
Pour recevoir le jour sitôt qu'il vient de naître,
Entre quatre piliers montent de larges lits,
Que des rideaux de serge entourent à grands plis,
Un bénitier en tête, auquel est attachée
Une branche de buis toute jaune et séchée.
Plus loin, sur le mur blanc brillent les saints patrons,
Des palmes dans les mains et des nimbes aux fronts.
Balancés comme un nid dès que les pieds y touchent,
Ici, sont les berceaux où les enfants se couchent,
Et les coffres, ici, plus luisants que de l'or,
Enferment les habits et le petit trésor.
Puis, avec ses deux bancs, sa nappe, c'est la table ;
Enfin, voilà ce meuble à jamais respectable,
Où le Saint de l'Anjou, bras nus, faisait son pain,
Alors que les conscrits entraient au bourg du Pin.

Quels cris et quels transports dans la chaumière heureuse,
Quand, le visage en feu, la chaussure poudreuse,
Il revient !... Ses enfants l'ont soudain enlacé
De leurs bras caressants. — Mais n'est-il point blessé ?... —
Il lui faut, pour qu'enfin l'épouse se rassure,
Protester que son corps n'a pas une blessure ;
Et dès qu'au milieu d'eux le soldat s'est assis,

Le soldat doit payer en merveilleux récits
Les tourments que leur fit endurer son absence.
Il redit les combats avec tant de puissance,
D'une telle lueur son œil est enflammé,
Que l'épouse voit bien que Dieu l'a transformé !

Or, pendant qu'il déroule ainsi cette épopée,
Sur ses genoux son fils joue avec son épée,
Et son regard naïf se relève souvent,
Admirant le panache agité par le vent ;
Vers lui, pour l'embrasser, quand son père se penche,
Sa main cherche à saisir la belle plume blanche.
— Ah ! tu dois la porter aussi, cette couleur,
Et de ton sang, un jour, en teindre la pâleur !...

Le lendemain, sitôt que luit l'aube première,
Cathelineau franchit le seuil de sa chaumière.
Par les sentiers muets et d'ombre enveloppés,
Sous les bois que la nuit de ses pleurs a trempés,
Il marche ; son bâton et ses pas, dans la haie,
Éveillent et font fuir le merle qui s'effraie ;
Il marche avec ardeur de vallons en vallons,
Il aborde les gens qu'il voit dans les sillons,
A l'oreille il leur glisse un mot avec mystère,
Et reprend sur le champ sa course solitaire.
Visitant chaque ferme et sans jamais s'asseoir,
Cathelineau parcourt, jusqu'à l'heure où le soir

Verse sur les coteaux son odorante haleine,
Ces lieux si fréquentés du colporteur de laine.

Pourquoi donc aujourd'hui s'est-il fait pèlerin ?
Ces mots qu'il va semant comme on sème le grain,
Ils sont donc bien puissants qu'ils ne trouvent personne,
Dès qu'ils sont prononcés, dont l'être ne frissonne ?...

Du pèlerin voici quel était le discours :

« Frères ! disposez-vous à marcher dans huit jours.
Si devant Fontenay nous fûmes mis en fuite,
C'est que le Ciel devait punir notre conduite :
A la Châtaigneraie, hélas ! on a commis
Des méfaits tout pareils à ceux des ennemis.
Qui sait, pour les laver, combien Dieu veut de larmes ?
Prions, enfants, prions, et préparons nos armes.
Vaincus à Fontenay, combattons-y si bien,
Que le succès retourne à l'étendard chrétien,
Et rende à notre amour Marie-Jeanne chérie !...
Quittez votre bourgade ou votre métairie,
Partez tous, laissez tous le travail du sillon :
Que le huitième jour vous voie à Châtillon ! »

VIII

MARIE-JEANNE

Or, afin d'apaiser le Maître des victoires,
Ils s'en vont en chantant des chants expiatoires.
Qui pourrait arrêter leur intrépide élan ?...
— Voici sur Fontenay flotter le drapeau blanc !
Un triomphe éclatant répare sa défaite.

Mais, hélas ! des vainqueurs la joie est imparfaite :
Sur quarante canons se sont portés leurs yeux,
Sans retrouver le seul qui leur soit précieux.
Ah ! qui donc leur rendra cet objet de leur culte ?

Par la route les Bleus s'échappaient en tumulte,
Trop heureux de sauver, au prix de leur trépas,
Le canon merveilleux, qu'ils n'échangeraient pas
Même pour un succès. — Dans son ardeur guerrière,
Oubliant que les siens sont restés en arrière,
Seul, Forêt les poursuit. Au milieu des fuyards,
O bonheur ! Marie-Jeanne a frappé ses regards !
Il fond sur ses gardiens, il fond comme l'orage,
En extermine deux ; — pour seconder sa rage,
L'intrépide Loiseau, Rochard et Delaunay,

MARIE-JEANNE

MARIE-JEANNE

MARIE-LEANNE

Par sept autres suivis, sortent de Fontenay.
Autour de Marie-Jeanne, oh! quelle boucherie!
Rochard, ensanglanté, l'étreint avec furie;
Il colle sur le bronze et sa lèvre et son front :
Avant de l'écarter, les Bleus l'achèveront!

Mais un dernier effort les a mis en déroute,
Et l'adoration prosterne sur la route
Les vainqueurs, recueillis, humbles, comme au moment
Où tout genou fléchit sous le Saint-Sacrement.
On dépouille à l'envi les buissons de leurs branches,
Et l'affût disparaît sous les épines blanches.
Souffriront-ils qu'il soit traîné par des chevaux?
Jaloux d'un tel honneur, plus de vingt bras rivaux
Se disputent les traits, et la pièce s'ébranle,
Et pour la saluer les cloches sont en branle.
Elle entre dans la ville; on la pare de fleurs,
Où de mille rubans s'enlacent les couleurs,
Si bien que l'on croit voir marcher une chapelle
Consacrée à la Vierge, au mois qui la rappelle.
« Vive Dieu! » criaient-ils, et puis : « Vive le Roi! »

Qu'est-il donc maintenant d'impossible à leur foi?...

IX

LE PREMIER GÉNÉRALISSIME

Mais la Convention s'est enfin alarmée :
Pour briser d'un seul coup la triomphante Armée,
De soldats elle couvre et la Loire et Saumur,
Entre elle et les *Brigands* infranchissable mur.
Modèles de vertus et de civisme austère,
Quels sont ses généraux ? Westermann et Santerre !
Westermann, un héros, — s'il n'était un *boucher ;*
Santerre, — âme de boue et que n'a pu toucher
Du royal condamné la parole suprême, —
Sur qui tout noble cœur doit lancer l'anathème.

O foi, sublime foi, j'admire tes effets,
Quand les Républicains à Saumur sont défaits.

Quoique blessé, pendant toute cette journée
Lescure a combattu. L'action terminée,
Le héros s'aperçoit qu'il perd des flots de sang.
Il gagne un toit paisible, et là, réfléchissant,
Il ne prend pas souci du mal qui le tourmente ;

Il pense aux Vendéens dont la puissance augmente,
Et dans son cœur pieux il adore Celui
Qui donne aux opprimés un si visible appui.

D'un objet cependant son âme est obsédée.
Bientôt, à son appel, les chefs de la Vendée
Se sont rendus. — Autour de son lit de douleur,
Effrayés en voyant son affreuse pâleur,
Sont assis ces soldats que la gloire proclame :
La Rochejaquelein, l'œil encor tout en flamme,
Et d'Elbée, et Stofflet, Marigny, Sapinaud,
Donissan ; — derrière eux, l'humble Cathelineau.

Lescure avec effort sur son lit se soulève,
Et, pour dire ces mots, sa faible voix s'élève :
« Nos progrès inouïs, ô mes chers compagnons !
Ces rapides progrès dont nous nous étonnons,
Veulent que désormais le pouvoir n'ait qu'un centre,
Et que l'autorité dans un seul se concentre :
Il guidera nos pas, et nous obéirons ;
Plus nous serons soumis, plus nous triompherons.
Quel est, entre nous tous, celui qu'il faut qu'on nomme ?...
Le meilleur, à mon gré, le plus digne est cet homme
Qui, premier champion de notre Royauté,
Osa se soulever contre leur *Liberté ;*
Qui sut nous ramener la victoire infidèle,
Et dans qui tout chrétien trouve un parfait modèle.

En vous parlant ainsi, n'ai-je donc pas nommé
Monsieur Cathelineau?... »

      Ce choix est acclamé;
Unanimes, les chefs aiment à reconnaître
Le pauvre voiturier, le paysan pour maître.

O pudeur admirable! un seul chef refusait
D'armer d'un tel pouvoir celui qu'on élisait;
Il tremblait, rougissait, priait avec instance
Qu'on ne lui donnât pas une telle importance :
— Il savait obéir et non pas commander;
Accomplir un dessein et non pas décider.
Tant d'autres valaient mieux! il ne s'estimait digne
Que de verser son sang à la première ligne.

Vainement sur un autre il appelle les voix,
Le Conseil tout entier a maintenu son choix,
Et le Saint de l'Anjou, le soldat magnanime,
Des Vendéens sera le généralissime;
Et lorsque dans Saumur ce bruit se répandra,
Quelle ardente allégresse au ciel s'élancera !

X

LA PLACE VIARMES

Les vainqueurs ont longé le fleuve qui serpente,
Et suivi vers la mer son indomptable pente.
Comme devant ses flots s'abaissent les vallons,
Les villes et les bourgs devant leurs bataillons
Incessamment accrus, n'opposent plus d'obstacle.

Nantes offre à cette heure un étrange spectacle.
Au sein de leurs remparts les Nantais effrayés,
D'un regard abattu contemplent leurs foyers
Sur qui le feu du ciel se prépare à descendre,
Et qui ne seront plus bientôt qu'un peu de cendre.
Tout travail a cessé; tout travail serait vain :
Rien ne les peut sauver que le secours divin.

A la ville éperdue où va fondre l'orage,
L'énergique Baco sait rendre le courage,
Baco qui dans ce jour se conduit en héros.
Le magistrat ranime et peuple et généraux ;
— Et Canclaux et Beysser perdront plutôt la vie,
Que de voir la cité par les Blancs asservie.

Ensemble ou séparés, ils volent tous les trois ;
Ils ne sont nulle part et partout à la fois :
Ils excitent, ici, la masse qui travaille
A ceindre les faubourgs des plis d'une muraille,
Et là, leur pied descend dans les sombres caveaux.
De leurs morts ce n'est point pour profaner les os ;
Mais ces châsses de plomb qui gisent inutiles,
Serviront aux vivants manquant de projectiles.
Il gardait le trépas, ce funèbre métal,
Et le trépas encor sera son but fatal.
Les femmes, les enfants et les vieillards débiles
Imposent ces travaux à leurs mains inhabiles ;
En arsenal guerrier le temple est transformé,
Et l'on coule du plomb où l'encens a fumé.

La nuit vient ; calme nuit : nul voile ne dérobe
Les fleurs d'or qui du ciel font scintiller la robe ;
Dans le limpide azur le croissant argenté
Promène lentement sa sereine clarté ;
Et la rumeur du jour s'éteint en un son vague,
Doux comme les accords d'une expirante vague,
Doux comme les soupirs que murmure un ruisseau.

Cependant des clameurs montent vers Pont-Rousseau.

Des fils du Bas-Poitou les bandes aguerries
Couvrent la rive gauche et ses larges prairies,

Et la Loire rougit son courant enflammé
Au bivouac de distance en distance allumé ;
Puis l'écho de ses bords de temps en temps répète
Les sauvages accents de l'agreste trompette,
La corne des bergers, dont les mugissements
Tiennent lieu des tambours et de leurs roulements.

Pour la première fois, Charette joint sa tente
Aux tentes de l'Anjou. Leur bannière flottante,
Il croit la voir déjà, tant il est confiant !
Sur les tours de Saint-Pierre. — Il marche, impatient :
L'heure ne sonne pas !... Il écoute : une église
A répété deux coups que lui transmet la brise.
Un immense hourra s'élève et perce l'air,
Quand, signal du combat, luit le premier éclair.
Et le camp de Charette ainsi, jusqu'à l'aurore,
Lance de Pont-Rousseau le boulet qui dévore.

Là n'est pas le péril ; le péril le plus grand,
Il est sur l'autre rive, où, comme un noir torrent,
Jaloux de réparer leur marche retardée,
Courent les bataillons de la Haute-Vendée.
Et les Républicains, appelés sur ces bords,
Redoublent d'énergie et redoublent d'efforts.
Les femmes, comprenant le danger qui les presse,
Surmontent de leur cœur l'ordinaire faiblesse,
Et l'on voit aux remparts les épouses, les sœurs,

Charger et recharger les mousquets défenseurs.
Au dedans, au dehors, la poudre qui s'allume
Rend le bruit des marteaux qu'on frappe sur l'enclume ;
La campagne, la ville, assiégés, assaillants,
Elle ensevelit tout dans ses plis vacillants.

Quels exploits, en dépit de la sombre fumée,
Montre aux regards des Bleus toute la Grande-Armée
Quels guerriers que Stofflet, et d'Elbée, et Bonchamp,
Fleuriot, que renverse un boulet; d'Autichamp,
Qui le remplace auprès des siens et leur demande
De venger sans retard celui qui les commande ;
Talmont, qui veut ici gagner ses éperons
Et s'élance, en criant : « Triomphons ou mourons ! »
— Rien ne peut refréner son audace bouillante :
Un coup l'atteint; il voit sa poitrine sanglante ;
Superbe de courroux comme un lion grondant,
Le prince trouverait la mort, si, plus prudent,
Son jeune lieutenant n'arrêtait sa furie ; —
Forestier, second chef de la cavalerie ;
Marigny, dont l'œil sûr dirige les canons ;
Et Soyer, et Scépeaux, et mille, dont les noms
Mériteraient aussi de briller et de vivre,
Que la Muse aimerait à graver dans son livre !

Mais le plus valeureux entre tous, le voici :
— Autour de son cheval roule un flot épaissi ;

Tous les regards tendus suivent sa plume blanche,
Et, la figure en feu, Cathelineau se penche ;
Il brandit son épée et répète souvent :
« Courage, mes amis ! En avant ! en avant ! »
Ce glaive du pouvoir, ce glorieux insigne,
C'est l'heure de prouver que sa main en est digne,
Et, vierge de combats, il faut la baptiser,
Cette lame, et d'un sang abondant l'arroser !...

D'un faubourg maintes fois il assiége la porte.
Mais il s'obstine en vain, la défense est plus forte,
Et de ses compagnons gisent déjà les rangs,
Et deux chevaux sous lui sont tombés expirants.
— « Mes enfants ! a-t-il dit sous les gueules tonnantes,
Soyons plutôt tués au cœur même de Nantes ;
Et du moins notre mort aux nôtres servira :
Nous ouvrirons la brèche où l'Armée entrera ! »

Des fils de son village il prend quelque centaine ;
Tous sont frères, parents, amis du capitaine.
Il descend, il se signe, il invoque les Cieux,
Leur offrant le tribut de ses jours précieux,
Puis devance à l'assaut sa troupe menaçante.
Ainsi que d'un nuage une grêle incessante,
De la porte de Vanne il pleut, il pleut du fer.
De part et d'autre on croit voir des démons d'enfer !
Canclaux, Canclaux lui-même, est à la batterie.

Le chef des Vendéens, pour en finir, s'écrie :
« Plus de coups de fusils, ô mes gars ! plus de coups !
Baïonnette en avant, fonçons, *égaillons-nous !*
Des Bleus épouvantés faisons taire les armes ! »

Nantes ! c'est fait de toi !... Sur la place Viarmes
Se répandent les Blancs. — « Les Blancs ! voici les Blancs ! »
Et devant eux ont fui les citoyens tremblants.

Un homme, avec lenteur, du haut d'une fenêtre,
Vise Cathelineau qu'il vient de reconnaître ;
La balle lui traverse et le bras et le sein ;
La douleur, trop aiguë, a terrassé le Saint.

Par toi Nante est sauvée, ô balle meurtrière !

— « Marchez ! marchez toujours ! » Inutile prière ;
Autour du général le cortége atterré
S'arrête ; dans les cœurs le doute a pénétré :
— Quoi ! celui qu'ils ont cru longtemps invulnérable,
Le voilà renversé par un coup misérable !...
Ses tristes compagnons l'emportent en pleurant,
Et rien ne suspendra le reflux du torrent.

Combien à la Vendée, ô place de Viarmes,
Tu devais par deux fois faire verser de larmes !
Charette à Pont-Rousseau se bat..., et ne sait pas
Qu'un jour il y viendra recevoir le trépas !

XI

LA DERNIÈRE HEURE

Depuis Nantes c'était la deuxième semaine,
Et malgré les efforts de la science humaine,
Officiers et soldats, au bourg de Saint-Florent,
Attendent le décès de l'illustre mourant.
Autour de la demeure où lutte l'agonie,
Priant et sanglotant la foule est réunie.
Un paysan, soudain, apparaît sur le seuil,
Et, d'un accent ému, ce messager de deuil :
— « Le bon Cathelineau vient de rendre son âme ! »

Ah ! qu'elle monte à Dieu, puisque Dieu la réclame !
Qu'il meure, le soutien du trône et de l'autel :
Quatre mois ont suffi pour le rendre immortel !

LE RÉGULUS NANTAIS

CHATEAU DE LA FLOCELLIERE

DONJON DE LA FLOCELLIÈRE

LE RÉGULUS NANTAIS

MAI 1793

I

LE DONJON DE MONTAIGU

OMBIEN d'ans ont passé, depuis qu'à ce coteau
S'enracinent tes murs, ô gothique château!
Et depuis qu'elles sont par l'homme abandonnées,
Combien tes tours ont vu s'évanouir d'années!...
Fier et seul, défiant l'éclair et l'aquilon,
Un jour, tu dominas ce tranquille vallon,

Géant qui te dressais et déployais ta force,
Comme un chêne orgueilleux de sa noueuse écorce.
Celui qui t'érigeait, à ton premier matin,
Te promettait sans doute un éternel destin ?
Ni le choc des béliers, ni l'assaut des batailles,
Ne devaient renverser tes massives murailles,
Où tous ses successeurs, jusqu'à la fin des temps,
Viendraient se reposer de leurs faits éclatants.

Comme à tes premiers jours, par les prés se promène
A tes pieds, ô manoir, et murmure la Maine.
Claire et vive, jamais sa source ne tarit,
Et quand naît le printemps sa rive se fleurit.
Ces demeures, d'abord timidement groupées,
Ont élargi leur cercle et se sont attroupées ;
Le hameau s'est fait bourg, le bourg a mérité
De remplacer son nom par le nom de cité :
Le voyageur, au soir, lorsque les feux s'allument,
Ne peut de Montaigu compter les toits qui fument.

A tes côtés tout vit, tout s'agite, ô château !
Mais les siècles sur toi drapent leur noir manteau ;
Le silence assoupit les échos de tes salles,
Les pieds chaussés de fer ne heurtent plus les dalles,
Le cor ne sonne plus pour que le pont-levis
Devant les chevaliers, de leurs pages suivis,
S'abaisse ; on ne voit plus, hélas ! de forme blanche

Qui rêve sous l'ogive et dont le front se penche ;
On ne voit plus flotter aux créneaux le mouchoir,
Ce doux signe d'amour, de regrets et d'espoir !...

Cependant vous croiriez que, rouvrant leur paupière,
Les barons ont quitté leurs sépulcres de pierre,
Et que leur premier soin, renaissant ici-bas,
Est d'apprêter leurs murs et leur glaive aux combats.
— Au-dessus des remparts les armes resplendissent,
Des remparts que le lierre et la ronce verdissent,
Et, comme aux temps anciens, par la brise agité,
Sur le faîte des tours l'étendard est planté.

Mais en dehors, devant la sombre citadelle,
L'œil toujours aux aguets, passe un gardien fidèle.
Ah ! toute illusion doit s'enfuir à présent :
Car ce noble écuyer, ce n'est qu'un paysan !

Par deux basques descend son ample habit de bure ;
Autour des reins nouée, une rouge ceinture
A chacun de ses flancs maintient un pistolet.
Attachés à son cou, les grains d'un chapelet
Au bout de leurs anneaux portent la croix divine ;
Un *sacré-cœur* repose aussi sur sa poitrine.
Ses traits sont accusés, ses membres sont nerveux.
Longs comme ceux des clercs, ses incultes cheveux
Retombent sur l'épaule, et sa large coiffure

S'arrondit, et s'abaisse, et cache sa figure,
Chapeau noir que décore un ruban de velours ;
Et ses épais souliers, que les clous rendent lourds,
Que des guêtres de cuir jusqu'au genou surmontent,
Font résonner ses pas, et les échos les comptent ;
Un fusil — sa conquête ! — au soleil reluisant,
Arme le bras croisé du guerrier-paysan.

Au sein de ce donjon quel tableau déplorable !
De soldats prisonniers une troupe innombrable
Envahit de ses flots les étages des tours,
Les cachots souterrains et l'enceinte des cours.
Leur habit, leur cocarde aux trois couleurs indique
Que ces hommes vaincus servaient la République :
Quelques-uns par état instruits à guerroyer,
Volontaires, ceux-là, ravis à leur foyer,
Laboureurs, artisans et bourgeois de la ville,
Jetés dans les horreurs de la guerre civile.

Sains, blessés, moribonds, ils sont tous confondus.
La plupart sur le sol demeurent étendus,
Et leurs fronts sont baissés, et leurs yeux sont farouches ;
Des plaintes sourdement s'exhalent de leurs bouches.
L'espérance a fait place au morne désespoir :
La mort plane sur eux au fond de ce manoir !

A leurs regards pourtant — dérision sanglante ! —

GRANDS CHATAIGNIERS DE LA CITARDIÈRE

GRANDS CHATAIGNIERS DE LA CITARDIERE

La nature jamais n'apparut si brillante ;
Quand le tombeau leur ouvre, hélas ! ses profondeurs,
La nature, cruelle, étale ses splendeurs !...

II

LE BOCAGE AU PRINTEMPS

Bocage de Vendée ! ô glorieuse terre !
Qui donc fera sentir ton charme et ton mystère ?
Qui dira tes attraits et ton souffle embaumé,
Et tes bois frissonnant sous les rayons de mai ?
Sur tes prés qui dira les larmes de l'aurore,
Et les mille reflets dont l'herbe s'y colore :
L'aubépine d'argent et les genêts dorés,
La rose des buissons, les trèfles empourprés,
Primevère craintive et que la haie abrite,
Chèvrefeuille, et bruyère, et pâle marguerite ?
Qui peindra les rameaux de tes chênes puissants,
Que le lierre et le gui conservent verdissants,
Les sveltes peupliers et la parure blanche
Dont le vert châtaignier se brode à chaque branche,
Le tremble, dont le bruit ressemble au bruit de l'eau,
Le saule, ami de l'onde, et le frêne, et l'ormeau,
Les ajoncs épineux, la fougère, la mousse,
La fleur de serpolet, si modeste et si douce,

Et la ronce, aux brebis dérobant la toison
Dont les petits oiseaux tapissent leur maison?
Et ces essaims d'oiseaux, qui donc ferait entendre
Leur concert à toute heure harmonieux et tendre?
Dans l'azur l'alouette annonçant le réveil,
Sitôt qu'à l'orient le ciel devient vermeil,
Et le merle sifflant sur le bord des prairies,
Le moineau pépiant aux toits des métairies,
Loriot, tourterelle, et fauvette, et pinson;
Toutes les voix, enfin, d'où sort une chanson;
Et surtout, quand le soir descend dans la vallée,
Que nul son n'y bruit, que d'ombre elle est voilée,
Et que sur l'horizon se lève le croissant,
Du rossignol caché l'incomparable accent?...

Le poëte à qui Dieu donnerait une lyre
Habile à célébrer, en son ardent délire,
Les attraits dont ce Dieu voulut parer nos champs,
Il vivrait, il vivrait, le poëte! et ses chants
Vaudraient ceux qu'inspira la Grèce ou l'Italie :
De beautés n'es-tu pas ainsi qu'elles remplie,
O ma Vendée! ô sol qui caches sous les fleurs
Ta noble cicatrice et tes nobles malheurs!

III

UN ÉCHANGE

Ces parfums, ces accords, la troupe prisonnière
Ne peut en savourer la douceur printanière ;
Loin d'égayer leur cœur, loin de le soulager,
Ce ciel resplendissant ne fait que l'affliger.

Sur leurs têtes ils voient, en sa course légère,
S'ébattre des beaux jours l'heureuse messagère :
De nos champs nébuleux quand l'hiver l'a chassé,
Vers de tièdes climats son vol s'est élancé ;
Mais, un plus chaud rayon nous tombant de la nue,
L'hirondelle a repris la route si connue,
Et là-haut son essor, par l'espoir animé,
Vient de trouver encor le nid accoutumé.

Et le captif, hélas ! sent se briser son âme :
En esprit il étreint et ses fils et sa femme,
Au toit de son enfance il dit un long adieu ;
Heureux si sa douleur cherche le sein de Dieu !

Mais ils sont arrachés à leurs pensers austères,
Et regardent passer trois de leurs volontaires,

Haudaudine, Babin et Chamier, appelés
Par devant leur vainqueur et les chefs assemblés.

Ce vainqueur, au milieu de la salle gothique,
Se distingue entre tous par son maintien antique :
Ce front audacieux qu'il lève fièrement,
Ces grands yeux d'où jaillit la flamme incessamment,
Ce large et noir sourcil couronnant leur orbite,
Cette lèvre amincie où l'énergie habite,
Ce visage anguleux, qui serait sans couleur,
Si l'air libre n'avait animé sa pâleur,
Ce sein proéminent et cette haute taille,
Tout désigne un héros, un géant de bataille.
On reconnaît bien vite, à l'aspect de ces traits,
Le guerrier qui commande aux paysans de Retz ;
Mais on reconnaîtrait le Vendéen encore
A ce panache blanc dont son front se décore,
A ces riches habits : — Charette aima toujours
L'élégance et l'éclat, même aux plus mauvais jours.

Auprès de lui se tient l'élite généreuse
Qui suit avec transport sa vie aventureuse,
Nobles et laboureurs : ceux dont le rang est bas
Sauront bien conquérir des titres aux combats,
Et ceux que des aïeux l'auréole environne,
D'un plus jeune fleuron vont orner leur couronne.

Voici l'ardent Joly, vieillard au cœur d'airain,
Joly, nouveau Brutus, et l'habile Guérin,
Tant aimé de son chef. — Lorsque ce frère d'armes
Succombera, Charette en versera des larmes !... —
Voici Championnière, et Couëtus, et Savin,
Caillaud, de Bruc, Le Moelle et Pajot; ils sont vingt,
Toujours prêts à voler sur les pas du grand homme,
Que je puis oublier... car l'Histoire les nomme !

Le silence régnait, tous étaient attentifs,
Et Charette aussitôt s'adressant aux captifs :
« Nous vous réunissons, dit-il, pour vous apprendre
Le suprême parti que nous venons de prendre.
La voix de la colère et du ressentiment
Réclamait votre mort sans aucun jugement;
Mais nous l'avons fait taire, et, rejetant la haine,
Nous avons pris conseil de Celui qui nous mène;
Nous avons oublié le Roi décapité,
Voulant, soldats chrétiens, user de charité.

» Propice à nos efforts, la victoire inconstante
Combla de prisonniers, à Legé, notre tente;
Ce donjon les contient, le besoin de repos
Nous forçant d'y plier un instant nos drapeaux.

» Pour nous comme pour vous la fortune est diverse,
Et nous avons connu la destinée adverse :

Les camps républicains se sont parfois remplis
Des combattants qu'au feu guident les fleurs de lis ;
Et nous savons que Nante, en son enceinte forte,
De Vendéens renferme une épaisse cohorte.
Vous êtes ses enfants, et loyaux tous les trois,
Voilà pourquoi sur vous s'est fixé notre choix.
Allez montrer aux chefs de la ville de Nante
Leurs frères menacés d'une mort imminente,
Si pour nos compagnons dans leurs cachots plongés,
Ils ne décrètent pas qu'ils seront échangés.
S'ils ne sont pas humains comme vous fûtes braves,
Jurez que vous viendrez reprendre vos entraves ;
Sur parole à l'instant nous vous délivrerons. »

Tous trois, levant la main, ont dit : « Nous le jurons ! »

IV

LE REFUS

Lorsqu'ils touchaient le but de leur course hâtive,
Les ombres s'épandaient sur la ville inactive.

Veillant à ses besoins, les magistrats, ce soir,
Sont allés au conseil, tout à l'heure, s'asseoir.

Or les trois prisonniers sont entrés ; ils exposent
La victoire des Blancs, l'échange qu'ils proposent,
Puis écoutent, muets, le débat agité
Qui mettra fin sans doute à leur captivité.

Tout à coup il s'élève une clameur immense ;
La salle est envahie : une tourbe en démence
— Membres des clubs coiffés de bonnets phrygiens,
Tous ceux qui sont jaloux du nom de *citoyens*,
Et même les enfants, et même les épouses,
Autant que leurs époux de ce titre jalouses, —
S'était précipitée, à grands cris s'opposant
Au pacte qu'ils tramaient avec un *paysan*.

— « Mort à nos prisonniers ! qu'ils tombent sous le glaive !
Mort à ces vils *Brigands !*.... »
       Le président se lève :
— « Oui ! le peuple a raison, un semblable traité
D'un État affranchi souille la pureté ! »

Haudaudine, indigné, bondit et leur réplique :
« Eh quoi ! l'humanité souiller la République ?...
Non, non, je le soutiens envers et contre tous,
Les *Brigands,* ce n'est plus les Vendéens... c'est vous !
C'est vous ! si, dominés par cette aveugle rage,
Vous préférez livrer vos prisons au carnage !

Oh! ne l'écoutez pas, cet homicide orgueil!
Dans ces murs, songez donc que de mères en deuil!... »

Mais un bruit l'interrompt; — dans la foule pénètre
Le général Canclaux : il doit faire connaître
Que le succès enfin vers eux s'est retourné ;
Un corps de Vendéens vient d'être exterminé.

Et des pauvres captifs la cause était perdue !

Assaut bien rude au cœur! leur famille éperdue
Les entoure; leurs fils embrassent leurs genoux;
Leurs femmes sanglotant : — « Nous délaisserez-vous?...
Encor si vous deviez sauver les jours des autres ;
Mais Charette prendra leurs jours avec les vôtres! »

Ce désespoir, ces pleurs vont les affaiblissant,
Et Babin et Chamier cèdent au cri du sang.

Haudaudine! toi seul, toi seul, rien ne t'arrête!
Ta parole est sacrée!... Oui! retourne à Charette :
Héros lui-même, il sait comprendre les héros;
Va! dans les Vendéens ne crains pas des bourreaux !

Qu'on vante les anciens, j'applaudis ; qu'on renomme
Le sublime vainqueur et d'Adis et d'Ecnome :
Les Français ont aussi des héros surhumains ;
Nous égalons les Grecs, nous valons les Romains.
Comme au grand Alexandre, il manque à notre histoire
Un poëte, un Homère ! et non pas de la gloire.

Haudaudine ! âme antique ! oh ! tu le méritais,
Cet immortel surnom de Régulus nantais !

TORFOU

GROSSE TOUR DE TIFFAUGES

GROSSE TOUR DE TIFFAUGES

TORFOU

17 SEPTEMBRE 1793

I

VAINCRE OU MOURIR

E Bocage est saisi du frisson de l'automne,
Et la feuille jaunit, et le vent monotone
Aux taillis éplorés arrache des sanglots,
Et la pluie à sa voix épanche de longs flots.

Pareille dans sa fougue à des chevaux sauvages,

La Sèvre en écumant envahit ses rivages ;
Le paisible cristal est devenu torrent,
Et le limon ternit le miroir transparent.

O rivière si pure et si majestueuse,
Quand tu ne roules pas une onde impétueuse ;
Quand au soleil d'été la nappe de tes eaux
Berce les nénuphars, anime les roseaux,
Embrasse, en murmurant des plaintes amoureuses,
Ces îles qui te font des corbeilles ombreuses ;
Quand tu te rafraîchis sous les saules penchés,
Dans l'ombre que sur toi projettent les rochers,
Ces géants de granit que les mousses tapissent,
Et qui portent au front des bois où se blottissent
D'harmonieux essaims, unissant dans les airs
A tes vagues soupirs les plus charmants concerts !
O Sèvre si riante et si majestueuse,
Quand ton onde, en suivant sa pente tortueuse,
Répète les coteaux où se creusa ton lit
Et que d'attraits puissants la nature embellit ;
Quand tu peins, surgissant dans les plis du feuillage,
Le vallon où s'assied près de toi ce village,
Tiffauge, et son clocher, et ses humbles maisons,
Sa ruine, qui croule au niveau des gazons,
Et sa tour à créneaux qui monte large et sombre,
Où de Gilles de Rais semble encor planer l'ombre ;
Contemple maintenant un spectacle imprévu :

VALLÉE DE MORTAGNE-SUR-SÈVRE

VALLÉE DE MORTAGNE-SUR-SÈVRE

VALLÉE DE MORTAGNE-S-SÈVRES

Ce que tes bords vont voir, ils ne l'ont jamais vu !
Les troupeaux qui paissaient dans cette solitude,
Sont remplacés, ce soir, par une multitude
Désordonnée, immense, et les échos surpris
Rendent des bruits de deuil qu'ils n'avaient point appris ;
Car les fils du Marais et les fils du Bocage,
Devant un ennemi qui massacre et saccage,
Se sont enfuis : Charette est leur dernier recours.
Deux cent mille soldats, en marche nuits et jours,
Dans un réseau de fer étreignent la Vendée,
Et cette pauvre terre est de sang inondée ;
Les flammes vont courant de forêts en forêts,
Et dévorent les blés réservés aux guérets.
Que si les révoltés cherchent pour se défendre
L'abri des grands genêts, les genêts sont en cendre ;
Leurs toits mêmes, leurs toits — suprême affliction ! —
Sont brûlés : c'est la loi de la Convention !

Les gens du Bas-Poitou dans ce terrible orage,
Hélas ! ont tout perdu, tout, jusqu'à leur courage :
Il fut rude, le coup qui rend si défaillants
Des hommes au combat naguère si vaillants !

Dans l'humide gazon, brisés de lassitude,
Ils s'asseyent, gardant une morne attitude,
Parmi les chars où sont les débris arrachés
Au naufrage, et les bœufs par couples attachés.

L'animal a, du moins, cette herbe qu'il rumine ;
Mais le paysan, lui, lutte avec la famine !
Les mères sur leur sein pressent leurs nourrissons,
Qu'elles ne bercent plus aux refrains des chansons ;
Les vieillards, plus glacés qu'un marbre de statue,
Se courbent sous le poids de leur âme abattue :
Qui n'entendrait parfois leur angoisse gémir,
Dirait que le trépas vient de les endormir.

Tout à coup le tambour et la rauque trompette
Ont élevé des sons que le vallon répète ;
Et voici tout à coup les groupes s'animer,
Les hommes aux fusils s'élancer et s'armer,
Et chacun, au milieu de ce tumulte étrange,
Courir au chef sous qui son propre choix le range.
De ce chaos vivant l'ordre sort. — On peut voir
Les gars de Palluau, de Legé, de Beauvoir,
Et ceux de Saint-Philbert, et ceux de Vieillevigne,
Et les gars du Loroux, d'une valeur insigne,
Les enfants de Challans, de Bouin, de Falleron,
Et voir les lieutenants qui marchent à leur front :
Couëtus, La Roberie et La Cathelinière,
Joly, les deux Guérin, Lucas-Championnière,
Et Pajot, voiturier comme Cathelineau,
Le magister Prud'homme, et Savin, et Vrignaud.

Au faîte de ces prés, d'où son regard domine,

Seul, Charette est debout, et Charette examine
La masse des soldats ; son cœur, moins accablé,
Se reprend à l'espoir, quand ils ont défilé :
— « Camarades ! » dit-il, — et tel est le silence,
Qu'on entendrait bruire un oiseau qui s'élance, —
« De fatigue et de faim c'est trop longtemps souffrir ;
Arrêtons-nous ici pour vaincre ou pour mourir !...
A nos frères d'Anjou j'ai dit notre détresse ;
Sans doute leur armée à notre aide s'empresse.
Les Bleus viennent aussi : la Sèvre est leur chemin,
Et nous serons peut-être en présence demain.
Soyez tués plutôt que de prendre la fuite !
Défaits, notre Vendée est à jamais détruite !
Songez à vos foyers, songez à vos enfants,
Faites votre devoir : nous serons triomphants ! »

Comme un souffle du nord agitant les ramures,
Ces mots ont éveillé de belliqueux murmures ;
Tous ont crié : « Vengeance ! » et tous se sont promis
D'arroser ces vallons du sang des ennemis.

II

LA MESSE NOCTURNE

Les buissons et les champs, les bois et les ravines,
Ont vibré sous l'appel des cloches angevines,
Et la Haute-Vendée a bondi de courroux,
Et nul de ses soldats ne manque au rendez-vous.

Les ténèbres du soir descendent de la nue.

Près des murs de Cholet, une lande connue
Dans ses replis obscurs reçoit les combattants.
Des quatre points du ciel, et d'instants en instants,
Ils accourent, ainsi qu'une mer vers la rive :
— Une vague a touché le bord, une autre arrive.

Dans l'azur cependant les astres ont roulé ;
L'œil peut lire minuit sur le ciel étoilé.
La lune, dissipant des ombres nuageuses,
Illumine le sol de ses clartés neigeuses,
Et semble avec amour envelopper de paix
Les lieux où sont pressés les bataillons épais,
Et du vent endormi ne souffle plus l'haleine.

Un tertre de gazon qui commande la plaine,
S'élève solitaire ; — à son front respecté
Un prêtre du Seigneur lentement a monté,
Qui porte dans ses mains la coupe du mystère,
D'où le sang du Sauveur s'épanche sur la terre.

Ici, ni chants, ni fleurs, ni parfums balancés ;
Pour autel, quelques blocs au hasard entassés ;
Leur surface inégale et de mousse couverte,
Au calice d'argent offre sa nappe verte.
Ici, point d'orgue ému, point d'éclatants flambeaux.
Des flambeaux ?... Ceux du ciel ne sont-ils pas plus beaux ?
Ne vous disent-ils pas que, du haut de ce temple,
Celui qui les allume, ô chrétiens ! vous contemple ?
Et lorsque son ministre a gravi la hauteur,
Vous croyez voir Jésus au sommet rédempteur.

Tous ces fermes croyants, appuyés sur leurs armes,
Priaient à deux genoux et priaient avec larmes,
Dans le secret du cœur détestant le péché
Qui fermerait le ciel à ce cœur entaché.
Mais le prêtre bientôt sur leur âme embrasée
Et sur leurs fronts répand la céleste rosée ;
Sa droite s'est levée au nom du Tout-Puissant,
Et du coupable a fait un chrétien innocent.

Un paysan, alors, près de l'autel rustique

S'avance, un paysan d'une taille athlétique.
Il tient avec respect, et comme un saint trésor,
Une blanche bannière où, tracée avec l'or,
L'image de la Croix brille aux rayons nocturnes ;
Sous ses branches trois lis ont déployé leurs urnes,
Et sur le champ de soie on distingue ces mots
Vive le Roi ! qui font soulever les hameaux.

Don d'une noble main, vierge encor de souillure,
Cette bannière au feu doit précéder Lescure.
Le ministre divin détourne son regard
Vers la foule, et s'écrie en montrant l'étendard :
« Oui ! la guerre est parfois une chose sacrée,
De l'Esprit-Saint la guerre est parfois inspirée !
Alors, malheur au peuple assis dans le trépas,
Sur qui cette voix crie et qui ne l'entend pas,
Et béni celui-là qui, se ceignant du glaive,
Contre l'iniquité, frémissant, se soulève !
Le Maître des destins a peut-être permis
Que son vengeur succombe aux coups des ennemis ;
Mais s'il lui plut, au temps de notre foi naissante,
De livrer ses martyrs à la rage impuissante
Du tigre et du lion, leur semence a germé,
Les siècles ont cueilli le grain qu'ils ont semé !...
Si vous devez céder à des chances contraires,
Vous serez, vous aussi, des martyrs, ô mes frères !
Oui, tous, ô Vendéens ! vous mourrez, s'il le faut,

Car votre dévoûment aura son prix là-haut.
Vous ne périrez point tout entiers sur la terre ;
De vos vertus vivra l'exemple salutaire :
Le peuple sous le joug par l'impie abattu
S'écrîra : « Combattons comme ils ont combattu ! »

» Seigneur ! Dieu de David ! pour laver ton offense,
Tu choisis ces pasteurs ; prends-les sous ta défense.
Pour soutenir ta gloire, ils ont tout méprisé ;
Le sol est de leur sang largement arrosé :
Récompense, Seigneur ! leur œuvre méritoire,
Et donne aux lis sans tache, ah ! donne la victoire ! »

III

LES DEUX ARMÉES

De Tiffauges voisin, le hameau de Torfou
Vit, quand l'aube naissait, les gars du Bas-Poitou
Non loin de ses maisons s'attrouper en silence.
— La flamme incendiaire à l'horizon s'élance,
Sur les bois où Boussay fait surgir son clocher :
Indice trop certain, les Bleus vont approcher.

Et quels Bleus ! ô douleur !... les soldats de Mayence,
Sur leurs récents hauts faits basant leur confiance ;
Héros qui par six mois de gloire ont mérité
D'aller avec ce nom à la postérité !

La hache des sapeurs les précède et leur fraie
Une route à travers le taillis et la haie ;
Bientôt le voile ombreux qui les leur dérobait,
Aux yeux des Vendéens se perçait et tombait.

Des Blancs aux Mayençais faisant la différence,
Les pauvres paysans perdaient toute assurance ;
La terreur les gagnait lorsqu'ils voyaient, là-bas,
Ces visages bronzés sous le feu des combats,
Ces canons, ces chevaux, ces fusils, ces épées,
Dont leurs divisions sont si bien équipées,
Et cet ordre surtout, ces merveilleux accords,
Prouvant qu'une seule âme habite un si grand corps.

De leurs lignes d'airain quel guerrier se détache !
Son front sur tous les fronts fait planer son panache ;
Vers le ciel son regard se lève avec fierté ;
Sa tête a du lion l'auguste majesté,
Et sa large poitrine en arrière se penche,
Et sur son cou le flot de ses cheveux s'épanche.

Les soldats de Charette, admirant ce grand air,
Entre eux avec effroi se répétaient : « Kléber ! »

Mais les Républicains tiennent pour insensée
La horde devant eux en tumulte entassée :
— Voilà donc ces géants qu'on leur avait promis !...
S'ils en viennent aux mains avec ces ennemis,
Ne souilleront-ils pas leur jeune renommée ?
Car c'est un vil ramas et non point une armée :
Des chevaux de labour les portent au combat,
Ces brillants cavaliers qui pour selle ont un bât.
S'ils n'aiment mieux laisser leurs jambes étendues,
Pour servir d'étriers deux cordes sont pendues ;
Une corde s'enroule en ceinturon grossier,
Mais le sabre, du moins, est du plus fin acier.
Des chapeaux à grands bords, des sabots et des vestes,
Tels sont des fantassins les costumes agrestes.
D'uniformes guerriers quelques-uns sont vêtus,
Qu'ils ont ravis aux Bleus sous leurs coups abattus.
C'est le fusil qui fait leur plus sûre défense,
Le fusil du chasseur manié dès l'enfance.
Plusieurs gardent par choix leurs bâtons ; il en est
Dont la ceinture tient un double pistolet ;
Mais tous ont sur leur tête attaché quelque signe :
Celui que la paroisse estima le plus digne,
Le *capitaine* auquel un hameau se soumet,
Aux traits de l'adversaire oppose un blanc plumet ;
Les autres pour cocarde ont une toile blanche,
Ou d'un chêne en passant effeuillèrent la branche.

Et les Républicains ont souri de pitié,
Et, sans combat, les Blancs sont vaincus à moitié.

Le signal part enfin : — Charette avec furie
S'élance au premier rang de sa cavalerie ;
Il l'appelle, il l'excite, et vers les bataillons,
Bondissant, son cheval dévore les sillons ;
Point d'obstacle à son vol, il n'est rien qui l'effraie :
Il franchit le fossé comme il franchit la haie.
Charette à l'ennemi, le visage enflammé,
Se montre ; à son aspect le feu s'est allumé,
Dirigeant sur lui seul sa décharge nourrie.
Il se retourne, et voit fuir sa cavalerie ;
Terrible, il s'écriait, voulant la ramener :
« O honte ! oserez-vous ainsi m'abandonner ?... »

Cavaliers, fantassins, que l'épouvante gagne,
Se sauvent sans l'entendre à travers la campagne.

Près de Tiffauge, alors, les femmes à genoux
Demandaient au bon Dieu le succès des époux,
En contemplant, hélas ! les livides lumières
Qui jaillissaient au ciel du toit de leurs chaumières.
Soudain la fusillade a cessé ; leurs regards
S'étonnent en voyant ces bandes de fuyards ;
Mais, loin de se livrer à de vaines alarmes,
Contre leurs propres gens elles cherchent des armes,

CHATEAU DE CLISSON

CHATEAU DE CLISSON

Saisissant tout objet que rencontre leur main :
Fourches, bâtons, et faux, et pierres du chemin.
— « O lâches ! voilà donc tenir votre parole ?
Retournez à la lutte, achevez votre rôle !
Ou bien, pères, maris, enfants, nous le jurons,
Nous-mêmes, sans merci, nous vous massacrerons ! »

De Mortagne pourtant les Blancs couvrent la route ;
Un miracle peut seul arrêter la déroute.

IV

LA BATAILLE

Ce miracle, il s'opère ! — Au loin, le tambour bat :
C'est l'Armée angevine accourant au combat.
Bonchamps blessé, Bonchamps se fait porter en tête ;
A ce choc décisif, il veut, le fier athlète,
Assister ; il prétend jusqu'au bout partager
Le sort de ses amis, — la gloire et le danger.

Mais auprès du brancard où la douleur l'arrête,
D'Autichamp veille. Il voit les soldats de Charette,
Comme un torrent d'hiver, s'écouler flots à flots,
Lutteurs découragés s'enfuyant du champ clos.

Comment en leur faveur penchera la balance,
Alors qu'aux Angevins ce poids manque ?... Il les lance
Après les déserteurs... Se sentant soutenus,
Honteux, les Poitevins au feu sont revenus.

Il se fait un moment de solennel silence ;
Puis on entend la voix de Bonchamps qui s'élance :
« Enfants ! les Mayençais vous regardent ! »
                                              Dans l'air
Monte un frémissement... Cette fois, c'est Kléber
Qui donne le signal, et sa phalange austère
Sous ses pas cadencés fait résonner la terre.
Alors les cavaliers, entraînés par Bonchamp,
Par Lescure et Stofflet, d'Elbée et d'Autichamp,
Et ceux du Bas-Poitou par Charette, qui jure
De laver au plus tôt dans le sang son injure,
Ont fondu sur les Bleus, tels que dans les halliers
Fondent sur les chasseurs de fougueux sangliers.

Ils poussent en marchant des clameurs si sauvages,
Que jamais l'Océan fracassant ses rivages,
Que des vents furieux jamais les sifflements
N'ébranlèrent le ciel comme ces hurlements,
Qui troublent de Kléber les colonnes surprises.

Les deux camps se sont joints, les deux camps sont aux prises ;
Mayençais, Vendéens, tués sur leurs chevaux,
Sont confondus : la mort seule unit ces rivaux.

LE PUITS D'ENFER

Saint-Jean-d'Orbestier

LE PUITS D'ENFER

Saint-Jean-l'Orbestier

LE PUITS D'ENFER – ST JEAN D'ORBESTIER

Mais des Républicains les lignes entr'ouvertes
Se serrent ; chaque instant accumule leurs pertes,
Et dans ce choc affreux, voici — fatal destin ! —
Que leur chef, que Kléber à l'épaule est atteint.
Il veut rester debout ; hélas ! son sang ruisselle,
Son visage pâlit et son genou chancelle.
Aux bras des grenadiers il tombe défaillant ;
Ceux-ci vont l'écarter du combat. — Rappelant
Sa première vigueur, comme elle l'abandonne :
— « Depuis quand suis-je un lâche ? » Il dit, et leur ordonne
De lui servir d'appuis à travers tous les rangs ;
Et sa vue a donné du cœur même aux mourants.

La lutte sévissait dans toute sa furie.
Aux cavaliers des Blancs se joint l'infanterie ;
De son inaction Bonchamps était honteux,
Il demande un cheval et s'élance avec eux.

Cependant l'incendie en langues flamboyantes
Se dressait, éclairant les masses ondoyantes.

Contre les Mayençais, enfermés dans Torfou,
On se battait sans fruit ; mais le Saint du Poitou,
Mais Lescure aidera cette attaque acharnée,
Qui peut donner aux lis le gain de la journée.
Il a mis pied à terre, il s'arme d'un fusil ;
Sa parole est tonnante alors qu'il dit : « Est-il

Parmi vous, mes amis, est-il quatre cents hommes
Disposés à mourir avec moi ?... »
— « Nous le sommes ! »
Criaient dix-sept cents voix. Lescure reconnaît,
Échaubroignes ! tes gars, et les tiens, Yzernay !
Grenadiers vendéens — c'est leur nom dans l'Armée —
Bourasseau mène au choc cette élite enflammée.

Les plis de l'étendard flottent devant ces preux,
Que les Républicains estiment plus nombreux :
Tout leur devient rempart, chacun d'eux se retranche,
Qui derrière un buisson, qui derrière une branche.
Leur habile coup d'œil, à l'abri du fourré,
Vise mortellement l'adversaire atterré.

La foule, à cet aspect, s'inspirant d'elle-même,
Vole pour imiter la manœuvre qu'elle aime,
Et *s'égaille* à l'envi. — Sur le front, sur les flancs,
Sont assaillis les Bleus, qui font des feux roulants :
La détonation se suit si régulière,
Qu'on dirait des tambours ou des fléaux sur l'aire.
Inutiles efforts, et ces feux écrasants
Redoublent, s'il se peut, l'ardeur des paysans.
On pointe les canons jusqu'alors inutiles ;
Ils savent bien comment braver leurs projectiles :
L'étincelle s'allume, ils tombent sur le sol,
Et le boulet perdu n'atteint rien dans son vol.

MORTAGNE

MORTAGNE

N° 2

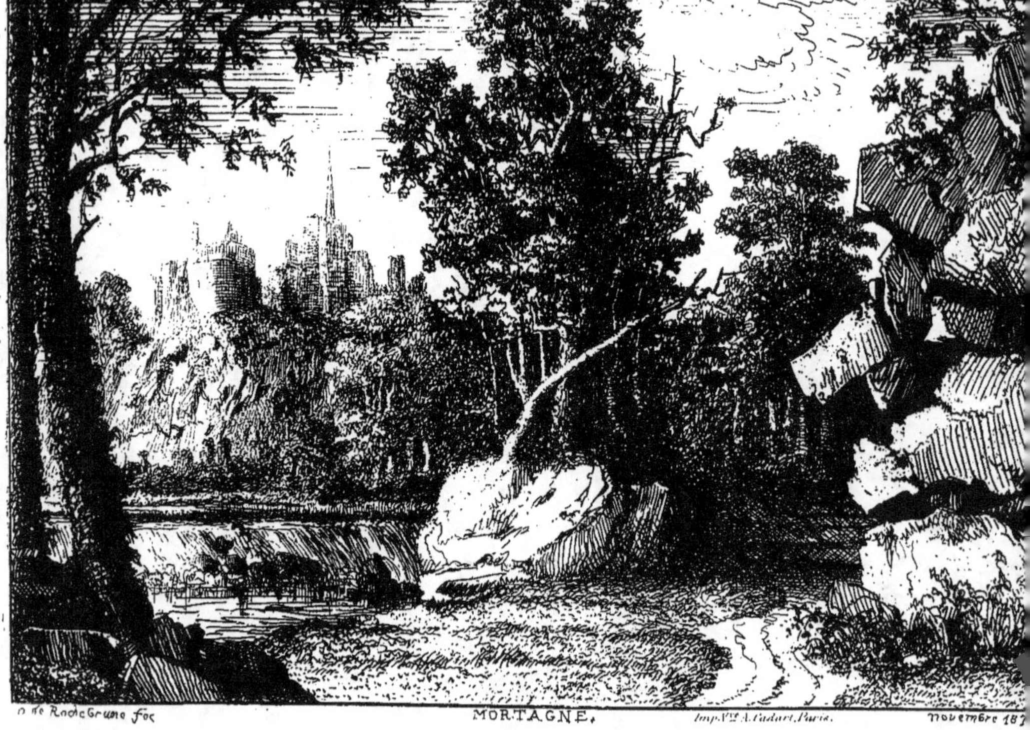

D. de Rochebrune fec. MORTAGNE. Imp. Vve A. Cadart, Paris. Novembre 187

Ils se lèvent vingt fois et vingt fois ils se couchent,
Poussant aux artilleurs jusqu'à ce qu'ils les touchent,
Et leurs bâtons noueux achevant le succès,
Les canons sont tournés contre les Mayençais.

Or le courroux grondait dans le sein de ces braves,
Qui se sentaient pressés d'invincibles entraves;
Dans leur cœur à ce point s'agitaient les douleurs,
Que la rage en leurs yeux faisait sourdre des pleurs!

Merlin de Thionville était là. Sa parole
Excite le soldat dont il a pris le rôle.
A cheval tout à l'heure, à terre maintenant,
Il se bat; — près de lui tombe son lieutenant;
Sa fureur est sans borne : à l'ami qui succombe
Merlin voue aussitôt une large hécatombe.

Mais le flot incessant qui vient les accabler,
Vers la Sèvre et Boussay les force à reculer.
Qui croirait, entendant éclater la mitraille,
Que leurs bras ont porté sept heures de bataille?...

La rivière est franchie à Boussay.

                        Vers Schwardin,
Le général Kléber s'est retourné soudain :
— « Braquez ces deux canons au lieu même où nous sommes;

Résistez, colonel, avec quelques cents hommes,
Et faites-vous tuer ! »
                    Et Schwardin lui répond :
« Oui, général ! »
                    Il court à la tête du pont...
Son regard flamboyait, sa face était sublime !

— Du dévoûment guerrier, ô type magnanime !
Pour couvrir la retraite, ô victime ! tu mets
Ton corps comme un rempart : qu'on te loue à jamais !

LE PROCONSUL

LE COLISEE.

L'ODYSSÉE

LE PROCONSUL

OCTOBRE 1793

I

ANS ces temps où du Christ les puissantes paroles
Sur leur base ébranlaient, renversaient les idoles,
Des païens étonnés écoutaient cette voix
Qui descendait sur eux du sommet d'une croix,
Puis, tremblants, ils allaient, au fond des catacombes,
Et prier, et gémir, et pleurer sur des tombes,

Brûlant du saint désir de confesser leur foi,
Et de mourir chrétiens devant le peuple-roi.
Oh! c'était un beau jour pour la vaillante Rome,
Le jour où dans l'arène on exposait un homme
A sa risée immense, où ses cris furieux
Réclamaient le supplice au nom des justes Dieux!...

Le martyr dans le ciel retrempait son courage,
Quand le tigre, sur lui s'élançant avec rage,
Par lambeaux dispersait sa chair... et mille mains
Annonçaient à César l'ivresse des Romains! —

Ces temps sont revenus, et la France chrétienne
Imite Rome, alors que Rome était païenne.
Le peuple est toujours peuple : après dix-huit cents ans,
Il trouve encor du charme aux spectacles sanglants ;
Qu'on lui donne du pain, et, comme aux bords du Tibre,
Sur les bords de la Loire il est heureux et libre !

— Le soleil a monté sur un horizon pur ;
Le grand fleuve en son lit berce des flots d'azur,
Et, telle qu'à l'aurore un essaim qui bourdonne,
Nantes s'est éveillée à ce rayon d'automne.

Voyez-vous s'avancer ces hommes, ces enfants,
Ces femmes, ces vieillards?... Des refrains triomphants,
Aux coins des carrefours, sur les ponts, dans les rues,

Éclatent, et bientôt ces cohortes accrues
Amassent en un point leurs nombreux bataillons,
Plus épais que les blés qui cachent les sillons.
Dressant son front hideux sur cette multitude,
Regardez l'échafaud !... — A sa fière attitude,
Qui ne reconnaîtrait ce digne citoyen,
Le bourreau, que décore un bonnet phrygien ?
Il croise ses bras nus et nerveux, et promène
Des yeux indifférents sur cette houle humaine,
Tandis que tous les yeux admirent ce mortel,
Comme un roi sur son trône, un dieu sur son autel.
Le peuple aime cet homme, oui! cet homme sinistre.
De ses mâles plaisirs n'est-ce pas le ministre ?
Oh ! la fête aujourd'hui dépasse son espoir :
— Ce matin l'échafaud, les *noyades* ce soir ! —

II

Lorsqu'un souffle orageux s'élève dans l'espace,
Chaque feuille des bois s'agite au vent qui passe
Et frémit sourdement, et de ces sons divers
Naît cette grande voix qui mugit dans les airs.
Tel est le bruit qui sort de la foule profonde ;
Elle est impatiente, elle crie, elle gronde :
— Ah! pourquoi perdre ainsi de précieux instants ?
Ah! pourquoi retarder son bonheur si longtemps ? —

Voici que du Bouffay — cette tour où dans l'ombre
Veillent tant d'innocents ! — roule la porte sombre.
On se presse, on veut voir combien de condamnés
Sous le couteau vengeur vont être prosternés.

Des pauvres patients la marche funéraire
Ouvre péniblement l'océan populaire.

— Salut à vous, salut, Paysans glorieux,
Qu'ils appellent *Brigands*... et qu'attendent les cieux !
Qu'autour de vous chacun et blasphème et sourie,
Priez, priez Jésus et la Vierge Marie ;
Priez-les pour ceux-là qu'au fond de vos taillis
Vous laissâtes, hélas ! par la faim assaillis ;
Priez ! car votre sang, ô fils de la Vendée,
Va s'ajouter au sang dont elle est inondée.
— Noble vieillard, salut ! Vos pères généreux
Vécurent en héros, et vous mourez comme eux ;
La vie eût fatigué votre tête blanchie,
Et par ce coup votre âme est plus tôt affranchie.
— Je vous salue encor, vous, prêtres du Seigneur,
Que le Seigneur choisit pour ce degré d'honneur.
Ah ! videz comme lui tout le fiel du calice,
Et comme lui marchez vers le mont du supplice.
Insultez-les, ô Juifs ! fils des anciens maudits,
Ils vont où vous n'irez jamais... au paradis ! —

NANTES

Le Château

NANTES.
LE PROCONSUL

Un silence imposant succède à la tempête :
Tout se tait, hors l'acier abattant chaque tête.
Le Bouffay s'est fermé sur les derniers captifs.

Quel prodige a fixé les regards attentifs ?

Ainsi, parmi des loups ravissants, pleins de rage,
De timides agneaux se rendraient au carnage,
Moins craintives pourtant, vers l'horrible trépas
Quatre vierges ainsi s'avancent pas à pas* :
Il règne dans leurs traits un accord qui proclame
Qu'elles ont bu la vie au même sein de femme ;
Les plus riches couleurs dont se peint le printemps
Pâliraient à côté de ces traits éclatants.
Mais une autre beauté brille surtout en elles,
La beauté qui réside au front des Immortelles,
L'éclat d'une foi vive au dehors répandu,
Devant qui le méchant s'incline — confondu.

O rêve ! ô vision ! ne sont-ce point des anges
Détachés un instant des sublimes phalanges,
Pour soutenir les cœurs au pied de l'échafaud,
Et pour les emporter, frémissants, au Très-Haut ?...

---

* Gabrielle, Marguerite, Claire et Olympe de la Méteyrie.

Moins douces sont d'un luth les voix éoliennes
Que les accents unis de leurs bouches chrétiennes,
D'où monte vers le ciel un cantique pieux,
Comme des encensoirs un flot délicieux.

III

Chantez, chantez, vierges candides !
Vos yeux en extase ravis
Contemplent les portes splendides
Qui s'ouvrent sur les saints parvis.
Vous ne ressentez plus d'alarmes,
Si vers notre vallon de larmes
Ils daignent s'abaisser encor,
Et la mort vous paraît bien lente,
O vierges ! dont l'âme brûlante
Palpite et veut prendre l'essor !

Ces corps charmants, — à notre terre
Abandonnez-les sans regrets ;
La main de la vieillesse austère
Fanerait, hélas ! leurs attraits.
Tombez comme une fleur superbe
Que la faux moissonne avec l'herbe,
Qui meurt avant de se ternir :

Sa fraîche et suave corolle
Conserve ainsi son auréole
Au fond de notre souvenir.

Chantez ! la nature parée
Rit à votre dernier moment.
Chantez ! de sa robe azurée
S'est revêtu le firmament.
Celui dont le char roule et tonne
A dit au soleil de l'automne :
« Tu brilleras comme en été,
Pour que mes martyres comparent
Combien de rayons te séparent
Du Soleil de l'Éternité ! »

Les Esprits, qui dès vos naissances
Vers le bien ont guidé vos cœurs,
Joints aux Séraphins, aux Puissances,
Entonnent des hymnes vainqueurs :
Colombes, déployez vos ailes !
Votre place, aux sphères nouvelles,
Est près du Lis de pureté ;
Je vois au-dessus de vos têtes
Vos Anges gardiens tenir prêtes
Les palmes d'immortalité !

IV

Tout va se consommer : l'ineffable harmonie
Pourtant n'exprime point l'effroi de l'agonie;
Leur chant redouble encor, plus ardent et plus doux :
A l'autel, on dirait de blanches fiancées
Qui tressaillent d'amour, quand leurs mains sont pressées
  Par les mains chastes des époux.

Mais le peuple est vaincu : tant de vertu le touche ;
La pitié coule enfin dans son âme farouche,
Et sa compassion plaide pour l'innocent;
Il s'écrie : « Elles sont trop jeunes et trop belles !
Épargne-les, bourreau ! Ne porte pas sur elles
  Tes doigts qui dégouttent de sang ! »

C'est ton maître, ô bourreau ! c'est ton roi qui l'ordonne !
Que le fatal couteau se repose et pardonne !
Trop de beauté reluit sur ces fronts précieux !
Grâce ! grâce !... — Et voici la plus jeune victime
Qui jette en souriant ce mot, ce mot sublime :
  « *Rien n'est assez beau pour les cieux!* »

Une affreuse pâleur sur ses traits répandue
Glace l'exécuteur dont l'œuvre est suspendue,

NANTES

Le Bouffay

NANTES. LE BOUFFAY
LE PROCONSUL

Et son corps chancelant a besoin d'un appui.
Le malheureux, pourtant, achève son office!...
— Ah! c'est que, du Bouffay dominant le supplice,
    L'œil de Carrier veille sur lui!...

V

Honneur au Proconsul qui s'enivre dans l'ombre
    Des vapeurs de sa cruauté,
Et vers les condamnés, pour supputer leur nombre,
    Se penche avec avidité!
Oui! que sa dignité soit à jamais maudite!
    Maudit soit son illustre rang! ·
Au forum sa présence est par eux interdite,
    Ses pas sont rivés loin du sang!
Ah! s'il pouvait s'asseoir sur ce trône de crimes,
    Voir jouer le glaive des lois!
Ou plutôt, s'il pouvait « *égorger ses victimes*
    Lui-même et toutes à la fois [*]!... »
Qu'il le comprenait bien, le noble Robespierre,
    Disant: « *Sois mon imitateur;*
Attila, *va passer sur la Vendée entière,*
    Ainsi qu'un fléau destructeur [**]! »

---

[*] Paroles de Carrier.
[**] Paroles de Robespierre.

— Et tu passas, Carrier! et tu remplis ta tâche!
    Tu croyais sans doute au néant?
Et tu pensais dormir au cercueil, âme lâche?...
    Non, non, ton cercueil est béant :
Chaque siècle t'évoque, et ton front se redresse,
    Et chaque siècle sur ton front
Imprime le fer chaud, — de sa main vengeresse,
    Pour éterniser ton affront.
Quand notre œuvre finit, l'œuvre d'en haut commence,
    Et la France et les nations
Veulent, pour couronner ta barbarie immense,
    D'immenses expiations.
Il ne leur suffit pas qu'une justice lente,
    En abaissant sur toi le fer
Aiguisé par toi-même, ait fait rouler, sanglante,
    Ta tête au gouffre de l'enfer.
Et ta fin même ajoute à ton ignominie :
    Grâce au sang de mille héros,
Ce glaive, parfumé de vertu, de génie,
    Tu le souillas, roi des bourreaux!...
Mais quand Dieu pèsera les crimes de la terre,
    Quand le jour suprême aura lui,
Que les morts, réveillés au fond de leur mystère,
    Iront se ranger devant lui,
De ta vie, ô Carrier! il te faudra répondre...
    — Quand le Juge t'appellera,
Toute l'humanité, pour te mieux voir confondre,

LE BOUFFAY

LE BOUFFAY
LE PROCONSUL.

L'humanité se lèvera !
De ceux que tu brisas la cohorte innombrable
    Rompra la pierre des tombeaux,
Et d'autres surgiront du fleuve lamentable
    Qui fut le linceul de leurs os ;
Et lorsqu'ils auront dit l'horreur de leur supplice,
    La foudre, ébranlant le saint lieu,
Satisfera sur toi l'immuable Justice...
    Et tu sauras s'il est un Dieu !

MONSIEUR HENRI

UNE MÉTAIRIE VENDÉENNE

MONSIEUR HENRI

AVRIL-OCTOBRE 1793

I

LE DÉPART

'est une nuit d'avril, calme, pure, étoilée :
La lune à l'horizon par les chênes voilée
Se dégage, et son disque épand du bord des cieux
Sur le Bocage entier un jour mystérieux.
Les bestiaux dès longtemps dorment dans les prairies;
Le silence s'est fait autour des métairies,

Silence entrecoupé par de vagues abois,
Et par le rossignol qui chante au fond des bois.
Les folles brises jouent sous la jeune feuillée,
Et la voix des ruisseaux, à toute heure éveillée,
Poursuit dans les cailloux son murmure charmant,
Tandis que l'eau reluit sous le clair firmament,
Que le creux des vallons s'emplit de vapeurs blanches,
Retombant en rosée et perlant sur les branches;
Tandis que des genêts, des prés, des buissons verts,
Une âcre et saine odeur monte et charge les airs.

— Au château de Clisson *, qui, pendant la soirée,
Dans l'ombre a fait briller sa façade éclairée,
Tout s'éteint; il y règne une torpeur de mort,
Et d'un sommeil profond sans doute l'on y dort.

Voici que sur les champs s'ouvre une porte basse,
Doucement, doucement, et puis un homme passe :
Il écoute un instant, ses yeux sondent la nuit...
A la fin, il avance; un autre homme le suit;
Une invisible main pousse après eux la porte,
Et loin d'elle bientôt leur course les emporte.

Ils s'en vont, ils s'en vont d'un pas aventureux,
Fuyant les grands chemins, prenant les chemins creux,

* *Clisson*, non pas dans la Loire-Inférieure, mais dans la paroisse de Boismé (Deux-Sèvres).

Les sentiers les plus noirs; pour que le bruit s'émousse,
Attentifs à marcher sur l'herbe et sur la mousse,
Faisant, pour éviter les villes et les bourgs,
Sans échanger un mot, faisant de longs détours.
Sur le sol quelquefois l'un d'eux colle l'oreille :
— « Des Bleus ! » murmure-t-il, et d'une ardeur pareille,
Ils vont, rasant la haie et sautant l'échalier,
Se tapir comme un lièvre au plus dru d'un hallier.

Ces nocturnes rôdeurs, qui les voudra connaître,
Au château de Clisson qu'il retourne et pénètre.

— Spectateur indigné des horreurs du *Dix-Août,*
Lescure est revenu dans sa terre, en Poitou.
Sa femme, des parents, des amis, tout un monde
Y vit à ses côtés dans une paix profonde :
La Rochejaquelein, Marigny, Donissan,
S'efforcent d'oublier les souvenirs de sang;
Car ils ont aussi vu cette horrible journée.
A l'œuvre ayant jugé la plèbe déchaînée,
Lorsque l'assassinat du Roi leur est appris,
Ils en sont révoltés plus qu'ils n'en sont surpris...
Leur hôte se livrait sans partage à l'étude,
Et rien ne les troublait dans cette solitude,
Rien, si ce n'est le bruit, répandu vaguement,
Que leur province était en plein soulèvement.

Un jeune paysan vient un jour en message ;
On l'interroge : il dit comment tout le Bocage
S'est rebellé soudain ; que dans chaque canton,
Les gars ont pris leur faulx, leur fusil, leur bâton,
Pour courir au combat ; que la cloche d'alarmes
Appelle incessamment les bons chrétiens aux armes :
— Plus d'hommes aux logis et plus d'hommes aux champs ;
Cathelineau, d'Elbée, et Stofflet, et Bonchamps,
Les ont tous avec eux, tous d'un si grand courage,
Qu'ils paraissent n'avoir jamais fait d'autre ouvrage ;
Ils ont battu sans cesse, ils ne l'ont pas été,
Et l'on voit leur drapeau sur Châtillon planté. —

Ainsi le messager dans la salle gothique
Raconte ces exploits, dignes du temps antique,
Et puis, en s'adressant au plus jeune de tous :
« Savez-vous bien, monsieur, ce que l'on dit de vous ?...
On dit — mais je suis sûr que c'est franche malice —
Que vous irez tirer, dimanche, à la milice,
A Boismé ?... Jésus Dieu ! cela se pourrait-il,
Lorsque vos paysans font le coup de fusil
Contre ceux qui voudraient les forcer au tirage ?...
Venez, monsieur, venez sans tarder davantage :
Le pays vous désire et vous obéira. »

La Rochejaquelein s'écrie : « On te suivra,

Mon ami ! » Sous le feu qui dévore son âme,
Sa poitrine se gonfle et sa face s'enflamme ;
Son modeste maintien se change en noble orgueil,
Et son regard de l'aigle a pris l'ardent coup d'œil.

— « Les patrouilles des Bleus sont partout égrenées ;
Pour les fuir, nous aurons les *sentes* détournées ;
Mais le chemin est long, monsieur, par ces détours ! »

— « Marchons, ne dussions-nous arriver qu'en dix jours ! »

L'élan de son cousin, Lescure le partage,
Et demande à tenter ce périlleux voyage ;
Il avait oublié ses proches, ses amis,
Et que par son départ ils seraient compromis.
La Rochejaquelein, dans une chaude étreinte
Le pressant sur son cœur : — « Fais-toi cette contrainte,
Ils ont besoin de toi ; dans peu je reviendrai,
Et c'est moi, je le sens, qui vous délivrerai. »

Le soir, les serviteurs dormaient leur premier somme ;
C'était l'heure ; — on l'embrasse, et l'obscur gentilhomme,
Bâton noueux au poing, pistolets au côté,
Suit son guide à travers le pays révolté.

II

UNE HARANGUE

En plein jour maintenant, et la tête baissée,
Il va seul, sous le poids d'une sombre pensée.
Si les champs rajeunis étalent sur ses pas
Leur luxe printanier, certe il ne le sait pas !
Parti fier, radieux, comme pour une fête,
Il est juste arrivé pour voir une défaite,
Et l'Armée angevine est réduite si bas,
Qu'elle doit renoncer à de nouveaux combats.
Que tenter ? Elle n'a pas deux livres de poudre !
Aussi ses généraux s'en vont-ils la dissoudre.
Hélas ! c'en est donc fait ! Un si beau mouvement
Avait-il mérité ce triste dénoûment ?...

La Rochejaquelein, le cœur poigné d'angoisse,
Retourne à Saint-Aubin, sa natale paroisse,
Et de la Durbellière, où ses jours autrefois
S'écoulaient si riants, il découvre les bois.
S'il pouvait regarder chaque lieu qu'il traverse,
Chaque lieu lui rendrait une scène diverse
De sa virile enfance, alors que du manoir,
L'aube ne pointant pas encor dans le ciel noir,

Il partait pour la chasse. — Est-il une vallée
Qu'avec sa meute ardente il n'ait cent fois fouillée,
Marcheur infatigable et tireur sans rival ?
Ah ! comme il était beau, surtout lorsqu'à cheval,
Exalté par la trompe, il sautait les barrières,
Volait par les coteaux, les landes, les clairières,
Lâchait le premier feu, plantait le premier coup,
Au chant de l'hallali, dans la gorge du loup !...

Mais cette vision, en d'autres temps si douce,
Le souci du présent loin de lui la repousse.

A peine il entre au bourg que s'élève ce cri :
« Monsieur Henri ! Voilà, voilà Monsieur Henri ! »
— Nom tendre et familier qu'on lui donne au village,
Où chacun l'a connu, chéri, dès son bas âge. —
Des maisons la nouvelle a vite fait le tour :
— « Vraiment ? Monsieur Henri ? »
      — « Lui-même ! »
       — « Ah ! quel beau jour ! »

De partout on arrive, et la foule se presse,
Agitant les chapeaux en signe d'allégresse.
— « Vive Dieu ! » s'écrient-ils, « enfin nous partirons !
Vive Monsieur Henri, sous qui nous combattrons !...
Ne vous effrayez point du peu qu'ici nous sommes :
Sous vos ordres demain vous aurez dix mille hommes ! »

Il consent; son ardeur se rallume en son sein.

Et, la nuit, le tocsin répondit au tocsin;
Des messagers nombreux coururent les vallées,
Les hameaux, les manoirs, les fermes isolées
Des paroisses de Nueil, d'Izernay, des Cerqueux,
Des Aubiers, de Somloire, aux instincts belliqueux.
A leur premier appel on se formait par bande,
Et quand le jour brilla, l'assemblée était grande.

Monsieur Henri paraît, et tous les paysans
Le contemplent, ravis. — Général de vingt ans,
Ses traits sont doux et fins; on dirait d'une femme,
Sans cet air martial, ces yeux d'où sort la flamme,
Et ces lèvres qu'abaisse en arc et fait plier
Le dédain du péril. Mince et vert peuplier,
Son corps souple s'élance et domine la foule;
Sa chevelure blonde en boucles se déroule.
Sabre dont il s'armait dans la Garde du Roi,
Sacré-Cœur de Jésus, cher témoin de sa foi,
Long habit boutonné, chapeau de haute forme,
Ceinture blanche aux reins : voilà son uniforme.

— « Si parmi vous, dit-il, mon père était présent,
Il vous commanderait... Je ne suis qu'un enfant,
Mais je me montrerai digne, par ma vaillance,
De vous conduire au feu. Vendéens! si j'avance,

Suivez-moi ; si je fuis, tuez-moi ; si je meurs,
Vengez-moi ! »

    Par leurs cris, par leurs longues clameurs,
Juge s'ils ont compris ta harangue sublime,
O jeune homme modeste autant que magnanime !

Tous brûlent d'affronter au plus tôt le danger.
Comme il était à jeun, leur chef voulut manger :
On quêta du pain blanc par la bourgade entière,
Mais il prit du pain bis dans une panetière,
Et mangea de bon cœur et de bon appétit
Avec ces braves gens charmés ; puis on partit.

III

LA PREMIÈRE VICTOIRE

Des Bleus, hier encor cantonnés à Bressuire,
Occupent les Aubiers, qu'ils sont venus réduire.
Ils campent dans un champ, droit en avant du bourg,
Au pied d'une hauteur. — Sans bruit et sans tambour,
Derrière les buissons les paysans se glissent,
Attendant, la plupart, que les faits s'accomplissent,
Car ils n'ont qu'un bâton en main. — Monsieur Henri,
Caché dans un jardin, ouvre un feu bien nourri ;

Et pour qu'entre ses coups il mette moins d'espace,
On charge à ses côtés des fusils qu'on lui passe.
Tout le long de la haie on tire à qui mieux mieux,
Pas de balle perdue. — Étonné, furieux
De se voir décimer ainsi sans qu'il riposte,
Le corps républicain sort de son mauvais poste ;
Au front de la hauteur, afin de découvrir
L'invisible adversaire, il se met à courir.
Alors Monsieur Henri, de sa voix la plus haute :
« Ils s'enfuient, mes amis !... » Et, le premier, il saute,
Il saute dans le champ ; son exemple est suivi ;
Criant *Vive le Roi!* tous sautent à l'envi,
Et poursuivent les Bleus qu'une panique emporte.
En vain leur général, Quétineau, les exhorte ;
On dirait des moutons fuyant devant des loups.
Malheur à qui chancelle ! il périt sous les coups !
Comme hier, au départ, ils ne sont plus deux mille,
Ces soldats haletants qu'on chasse vers la ville !

Monsieur Henri ramène enfin ses compagnons
Sur le lieu du combat, où gisent deux canons,
Des sabres, des fusils, des cartouches sans nombre ;
Et le reste du jour, et pendant la nuit sombre,
Avec eux emmenant leur précieux butin,
Les paysans vainqueurs marchent jusqu'au matin :
Ils vont rendre la vie à l'Armée angevine,
Qui n'attendait plus rien de la bonté divine.

IV

UN RETOUR AU CHATEAU

Huit jours se sont passés, huit jours miraculeux,
Où les Blancs ont repris le dessus, où les Bleus,
Qui de leurs régiments couvraient le territoire,
Sont traqués, écrasés, refoulés vers la Loire ;
Beaupreau, Vihiers, Cholet, sont emportés.
Par les murs d'Argenton des Bleus sont abrités :
Le donjon est solide et la garnison forte,
Les gars n'ont que trois coups par canon... mais qu'importe ?
Ces rudes assaillants veulent vaincre ; — et bientôt
Aux mains des gars tombait Argenton-le-Château.

C'était hier ; Bressuire entendait la mitraille.
— Bressuire a pour ceinture une ancienne muraille
Que domine un manoir, inutile débris
Depuis que Duguesclin sur les Anglais l'a pris.
Avec de tels remparts se peut-il qu'on résiste ?
Puis ce peuple est hostile au drapeau royaliste :
Deux massacres affreux, commis en moins d'un an,
Sur lui vont attirer un affreux châtiment,
Les *Brigands* passeront tout au fil de l'épée !...
Aussi la pauvre ville est de terreur frappée :

Soldats et citoyens, le jour à peine éclos,
Emportent leur bagage et sortent à longs flots.

Le bruit cesse partout; chaque rue est déserte.
Alors, d'une maison la porte s'est ouverte :
Un jeune homme au dehors lance un coup d'œil furtif,
Comme avant de s'enfuir fait un oiseau captif,
Puis il marche à grands pas; un groupe l'accompagne :
Des femmes, des vieillards, à travers la campagne,
Se hâtent après lui, de buisson en buisson,
Tant qu'ils gagnent enfin le château de Clisson.

Quel bonheur de rentrer libres dans ce domaine
Qu'ils avaient, prisonniers, quitté l'autre semaine !
— Lescure était suspect, on l'avait arrêté,
Et tous l'avaient suivi dans sa captivité ;
Mais la peur des *Brigands*, dans sa retraite obscure,
Avait fait oublier le marquis de Lescure.

Et pourquoi maintenant demeurer enfermé ?
La nature est si belle, un second jour de mai !
Pourquoi ne va-t-il pas rafraîchir sa poitrine
Dans cet air imprégné de senteurs d'aubépine,
Lui qui, durant huit jours, n'eut pour tout horizon
Que les murs étouffants d'une étroite maison ?
Que ne gravit-il pas les collines prochaines,
D'où l'on voit dans l'azur se perdre les grands chênes,

Et les ruisseaux courir, et paître les troupeaux ?...

Lescure ne veut plus de ce lâche repos :
— Les chambres du manoir dans tous les coins fouillées,
Il rassemble en un tas maintes armes rouillées ;
Donissan, Marigny, font des balles d'étain ;
Sa femme coud près d'eux un drapeau de satin,
Taille des sacrés-cœurs, des cocardes sans nombre,
Tandis qu'il fait briller les vieux fusils dans l'ombre.

De quarante hameaux, à son appel, demain,
Les gars vers le château se mettront en chemin.

Tout à coup monte un bruit du fond de la vallée ;
Un galop de chevaux retentit sous l'allée,
Et plusieurs cavaliers s'élancent dans la cour :
— « Vive, vive le Roi ! » criaient-ils... On accourt :
— « O ciel ! Monsieur Henri ! »

       Les cœurs sont dans l'ivresse ;
On l'entoure, on l'embrasse, on pleure de tendresse ;
Et lui-même pleurant : « Je l'avais bien promis,
Je vous ai, grâce à Dieu, délivrés, mes amis ! »

A l'écart sont restés des hommes et des femmes,
Qui montrent sur leurs traits la frayeur de leurs âmes.
Lescure à son cousin : « Vois-tu ces pauvres gens ?

Ils nous ont suppliés de leur être indulgents ;
De Bressuire ils ont fui, tout tremblants et tout blêmes. »

— « Se sauver des *Brigands* chez les *Brigands* eux-mêmes,
C'est agir sagement ! » répond Monsieur Henri,
En dirigeant sur eux son regard attendri.

Ces malheureux alors, cédant à leurs alarmes,
Se jettent à ses pieds qu'ils arrosent de larmes.
— « Relevez-vous », dit-il d'un ton compatissant,
« Nous demandons vos cœurs et non pas votre sang. »

Or, pendant qu'avait lieu cette émouvante scène,
Les Paysans aussi déposaient toute haine :
Maîtres de la cité, leur premier mouvement
Les portait vers l'église, et là, dévotement,
Ayant sur chaque autel allumé chaque cierge,
Ils remerciaient Dieu, les Saints, la Bonne Vierge,
Se pendaient à la cloche et sonnaient sans repos ;
Puis, sous leurs longs cheveux, sous leurs larges chapeaux,
Ils couraient par milliers, vainqueurs pleins de clémence,
Sur la place exercer leur plus grande vengeance :
— Couper, jeter au feu l'arbre de liberté,
Telle est de ces *Brigands* toute la cruauté.

V

LA BRAVOURE DE MONSIEUR HENRI

Profitant de l'effroi que leur approche enfante,
Ils poursuivent toujours leur marche triomphante.
Le troisième matin, au lever du soleil,
Leurs tambours arrachaient Thouars à son sommeil.

Quétineau savait bien, en y cherchant asile,
Que cette place était d'un abord difficile,
Assise, — comme un nid au sommet d'une tour, —
Sur un vallon abrupt; le Thouet coule à l'entour,
Dont le lit encaissé tient les Blancs à distance,
Et le mur, quoique vieux, permet la résistance.

Le feu s'ouvre partout. Sur un bord, Quétineau,
Et sur l'autre, Bonchamps, Stofflet, Cathelineau,
S'agitent au milieu de l'épaisse fumée.
Donissan, Marigny, chefs nouveaux dans l'Armée,
Prouvent aux plus vaillants qu'ils sont vaillants comme eux.

Lescure et son cousin combattent tous les deux.
Près du bourg de Ligron ils tiennent la colline
Qui fait face à Thouars et face au pont de Vrine,

Sur lequel leurs canons tirent incessamment.
Une charrette aux Bleus sert de retranchement
En arrière du pont, et leur mousqueterie
Répond avec vigueur, et leur artillerie
Rend boulet pour boulet et la mort pour la mort.

Six heures de combat n'ont pas fixé le sort.

La poudre manque; vite il faut qu'on s'en procure;
Henri part au galop. — Dans ce moment, Lescure,
Voyant faiblir les Bleus, s'empare d'un fusil,
Et, tourné vers les siens : — « En avant ! » leur dit-il,
« Suivez-moi ! tenez bon ! nous les mettons en fuite ;
En avant ! mes amis, et la ville est réduite ! »

Hardi comme un lion, comme un chevreuil léger,
Il court; seul sur le pont il brave le danger.
Quel baptême de feu ! quelle horrible décharge !
Vers sa troupe il retourne, il revient à la charge :
— « A moi, les gars ! à moi ! » Son habit est percé;
Aucun coup ne pénètre, aucun ne l'a blessé.
Une troisième fois il appelle, il exhorte :
Tous ses efforts sont vains, tant la frayeur est forte.
A le suivre un des gars s'est décidé pourtant.
La Rochejaquelein, dans ce suprême instant,
Arrive avec Forêt... — Admirable spectacle !
Tous quatre sur le pont s'avancent vers l'obstacle.

Lescure le premier l'a franchi ; le soldat
S'apprête à l'imiter, un coup de feu l'abat ;
Monsieur Henri, Forêt, ont sauté sans encombre.

— Laisserez-vous vos chefs succomber sous le nombre,
O lâches ! Sans bouger les verrez-vous mourir ?

Non ! le cœur leur revient, et les gars d'accourir ;
Et, malgré les canons, malgré la fusillade,
Ils emportent bientôt la faible barricade.

Or les Républicains cèdent de toutes parts ;
Il ne leur reste plus qu'un abri : les remparts.
Alors Monsieur Henri qui devance la foule :
« A l'assaut ! à l'assaut ! »

       Comme une énorme houle,
Et criant : « A l'assaut ! » ils bondissent, pressés,
Au pied de ce vieux mur qui n'a point de fossés.
Avec la baïonnette ou la pique on s'attache
A démolir. — C'était une bien longue tâche !

Paroissien de Courlay, géant au corps d'acier,
Un paysan — c'est vous, brave Toussaint Texier ! —
Prête à Monsieur Henri son épaule robuste.
Le jeune homme d'abord prend un fusil, ajuste
Quelques Bleus qui, voyant sa tête dépasser,

L'entravent dans son œuvre et vont le repousser ;
Puis, ainsi qu'un maçon, il arrache les pierres,
Que scellent fortement les mousses et les lierres,
Et la brèche est ouverte; et par là le torrent
Pénètre dans Thouars... et Quétineau se rend.

VI

LA CROIX DE MISSION

C'était vingt jours après. — Sous un ciel sans nuage,
Dans sa mâle beauté s'éveille le Bocage.
Le souffle matinal agite mollement
Cette mer de verdure, et son frémissement
Se confond dans celui des sources, des fontaines ;
Fauvettes et pinsons gazouillent par centaines
Dans les genêts fleuris et dans les églantiers.

Une sourde rumeur emplit tous les sentiers :
A travers le feuillage et par dessous les branches,
Dès l'aube on voit passer, passer des coiffes blanches.
Cette foule se rend vers un même chemin,
Et là, sur chaque bord, leur rosaire à la main,
Ces femmes, en priant, dans les herbes mouillées
Qu'ombragent les buissons, restent agenouillées.

Au terme de la route où tendent leurs regards,
Une masse confuse et de blancs étendards,
Et des croix aux fusils en grand nombre mêlées,
Surgissent, et des chants s'élancent par volées,
— Le *Vexilla regis,* le *Veni Creator.* —
Sur la procession tombe un chaud rayon d'or.
Si ce n'était l'aspect des armes meurtrières,
Ne semblerait-il pas que ce peuple en prières
Va demandant au ciel ses bénédictions
Pour les champs, comme on fait dans les Rogations ?...

Quand des hymnes sacrés les strophes sont finies,
Bonne Vierge! on entend vos douces litanies
Faire trembler la voix de ces fiers travailleurs;
Car vous êtes leur mère, ô **Mère de douleurs!**

La Grande-Armée ainsi traverse les campagnes.

Se levant tout à coup et quittant leurs compagnes,
Des épouses, des sœurs, s'enfoncent dans les rangs,
Pour embrasser encore une fois leurs parents
Et leur donner du pain. — Ames fortes, les larmes
Ne les trahissent pas devant leurs gens en armes;
Et toutes à genoux restent en oraison,
Tant que leur œil distingue un homme à l'horizon.

— Vers le milieu du jour, dans une plaine nue

Entrent les Vendéens. Trois flèches * vers la nue
Montent ; c'est Fontenay. Fontenay ! triste nom !
C'est là qu'ils ont perdu leur bien-aimé canon,
Marie-Jeanne ! et depuis la semaine dernière,
Elle est là, dans ces murs, cachée et prisonnière !...
— Non ! ils ne doivent pas la garder plus longtemps,
Ceux qui de Fontenay sortent, tambours battants !

Le général Chalbos est encore à leur tête.
Sûr d'un nouveau succès, à cette grande fête
Lui-même il a prié sept Conventionnels,
Qui suivent, plume au vent, en habits solennels.

Voici leurs fantassins et leur cavalerie,
Et la mèche s'allume à chaque batterie.

Les Vendéens, avant d'entamer l'action,
Se sont mis à genoux pour l'absolution.

La Rochejaquelein se retourne et s'écrie :
« Nous n'avons pas de poudre et pas d'artillerie ?
Les Bleus en ont pour nous ; allons ! les gars, prenons,
Les bâtons nous aidant, leur poudre et leurs canons !
Marie-Jeanne est là-bas ; il faut qu'on la délivre :
A qui courra le mieux ! »

* Celle de Saint-Nicolas existait alors.

LE CALVAIRE DE MERVENT

LE CALVAIRE DE MERVENT.

Cet appel les enivre ;
Sur les Républicains ils fondent à grands pas.

L'aile gauche hésitait et ne les suivait pas.
Mais Lescure est son chef ; le soldat magnanime
Sait bien, depuis Thouars, sait bien comme on ranime
Des cœurs trop dominés par le premier effroi.
Agitant son chapeau, criant *Vive le Roi!*
Vers une batterie il marche... La mitraille
Pleut sur lui sans l'atteindre, et d'une voix qui raille :
« Vous le voyez, les Bleus ne savent pas tirer ! »

Et la gauche le suit, ardente à réparer
Sa honte et son retard. Mais voici qu'un Calvaire
Se dresse devant eux... O foi simple et sévère !
Oubliant qu'ils sont là le but de tous les coups,
Autour de la Croix sainte ils tombent à genoux.
Un des chefs, que surprend leur halte téméraire,
Les appelle à grands cris. — « Non, non, laissez-les faire ;
Les gars ayant prié ne se battront que mieux ! »
Dit le saint du Poitou, qui priait avec eux.

Lescure avait raison, et telle est leur furie,
Que dès le premier choc s'éteint la batterie.

Le même acharnement partout se déployait,
Et la gauche ennemie en désordre fuyait.

La Rochejaquelein, qui courait sur sa trace
Avec ses cavaliers, fait soudain volte-face ;
Rapide, il les ramène au combat. Il s'agit
D'enfoncer l'aile droite où la lutte rugit,
Où résiste Chalbos, où la mitraille gronde,
Où de braves soldats, Chasseurs de la Gironde,
Défendent vaillamment leurs drapeaux, excités
Par les Représentants, soldats à leurs côtés.

Monsieur Henri fonçait des premiers sur leurs lignes.
On le reconnut bien, quoiqu'il n'eût pas d'insignes,
Et dans les rangs des Bleus plusieurs voix tout à coup :
« Tirez au mouchoir rouge ! » Il avait à son cou
Un mouchoir de Cholet, un mouchoir pour ceinture ;
Un mouchoir retenait sa longue chevelure.

En vain autour de lui l'on s'en préoccupait ;
Fier qu'on le désignât, il frappait, il frappait.
Ce costume, il l'aimait et le trouvait commode :
De ce jour dans l'Armée il devint à la mode.

Or, par Monsieur Henri rompus et culbutés,
Les Bleus vers Fontenay se sont précipités,
Laissant morts et mourants et canons dans la plaine.

Poursuivant les fuyards dont chaque rue est pleine,
Lescure est entré seul ; Bonchamps le voit, accourt,

Pour sauver son ami du grand danger qu'il court.
Forêt, l'ardent Forêt, l'accompagne. — Intrépides,
Les voilà tous les trois lancés à toutes brides.
— « Grâce ! » et les Bleus tombaient aux pieds de son cheval.
— « Criez *Vive le Roi !* vous n'aurez pas de mal ! »
Leur répondait Bonchamps, aux vaincus secourable,
Et tous le bénissaient. — Mais toi, toi, misérable !
Dont je voudrais clouer le nom au pilori,
Malheur à toi, malheur au sein qui t'a nourri !
Pourquoi te prosterner, et lui demander grâce,
Et jeter ton fusil ?...

     Le traître ! il le ramasse,
Et sur son bienfaiteur — ô honte ! — oui, sur Bonchamp
Il tire... Le coup porte et l'abat sur le champ.

A cette explosion une bande accourue,
Qui voit son chef blessé, ferme aux deux bouts la rue,
Et, tels que des faucheurs à l'œuvre dans un pré,
Pour atteindre un coupable ils ont tout massacré.

Inspiré par son cœur, en cet instant, Lescure
Volait à la prison. — Dans une geôle obscure,
Pris au premier combat, ils se pressent deux cents.
Épiant chaque bruit, farouches, frémissants,
Ils attendent leur sort ; mais si Chalbos l'emporte,
Ils se feront plutôt hacher à cette porte ;

Ils mourront en soldats, puisqu'il leur faut mourir!

Quel tumulte subit!... Le seuil vient de s'ouvrir,
Et montre souriant celui qui les délivre.
— « Ah! monsieur le marquis, vous nous faites revivre.
Par Jésus et les Saints du ciel soyez béni!
On nous jugeait demain, demain c'était fini! »

Ils suivent aussitôt la foule qui se rue
Du côté de Niort et dans la Grande-Rue.
— Miracle inespéré! conquise par Forêt,
Sous des fleurs, des rubans, Marie-Jeanne apparaît!...
Et ce sont des saluts et de tendres reproches,
Et des cris délirants mêlés au son des cloches.
Elle avance au milieu d'une garde d'honneur,
Leur protectrice! Ils sont tous ivres de bonheur!

Les chefs délibéraient cependant : cette masse,
— Trois mille soldats Bleus entassés sur la place, —
Ces prisonniers, qu'en faire?... Oh! certe, ils promettront
De sortir de Vendée, et puis ils resteront,
Et s'y battront encore, avant deux jours peut-être.
Quelle marque plus tard les ferait reconnaître?
— « Coupons leurs longs cheveux! » dit soudain Donissan.

Et ce fut pour les gars un jeu divertissant,
Les gars dont les ciseaux passaient sur chaque épaule,

MERVENT

MERVENT

Qui croyaient émonder le branchage d'un saule,
Ou tondre, comme ils font au printemps, la toison
Des dociles brebis gisant sur le gazon.

VII

SAUMUR

Les Vendéens, rentrés au sein des métairies,
Oublient dans le travail la guerre et ses furies ;
Aux femmes, aux enfants, rassemblés sous le toit
Par le repas du soir, ils content leur exploit.

— Or la Convention, de fureur et de honte
Rugissant, se réveille : il est temps qu'elle compte
Avec ces Paysans qu'elle a trop méprisés,
Et qui du premier coup devaient être écrasés.
C'est dans l'Ouest à présent qu'est la *grande partie* :
La jeune République y peut être engloutie.
Voitures et bateaux, de Paris en cinq jours
Apportent dans Saumur et sèment dans les bourgs
Quarante mille Bleus, distraits de la frontière.

La Vendée en péril se lève tout entière;
Et, malgré son château, ses redoutes, son mur,
Et son camp de Varrins, elle assiége Saumur.

A Lescure l'honneur d'attaquer : — il se porte
Par les forts de Bournan au pont Fouchard, l'emporte ;
Mais le voilà blessé, son bras est tout sanglant ;
La gauche, à cette vue, arrête son élan.

— « Ce n'est rien, mes amis, ce n'est rien, je l'atteste !
Ne vous effrayez pas, je reste au feu, je reste ! »

Alors des cuirassiers au soleil reluisants
Accourent ; la frayeur est chez les Paysans,
Qui ne s'expliquent pas cet étrange mystère,
Qu'un soldat soit frappé sans rouler sur la terre.
Avec les cavaliers vendéens Dommaigné
Les charge ; il tombe mort et dans son sang baigné.
Les gars découragés en tous sens se dispersent.
Deux caissons — ô bonheur ! — sur le pont se renversent,
Empêchant l'escadron de poursuivre les Blancs.
Lescure les rallie, et leurs coups accablants,
A l'abri des caissons, — car ils visent la face,
Le poitrail des chevaux, et non plus la cuirasse, —
Et des boulets lancés sur le champ avec art,
Rendent les Vendéens maîtres du pont Fouchard.

Sur les prés de Varrins quels flots noirs de fumée !
Là, par Monsieur Henri l'attaque est entamée ;
La fusillade, là, gronde comme un volcan ;
Mais les Républicains, protégés par leur camp,

Abattent à loisir les gars. — Henri se lasse
Du rôle d'assaillant ; il faut qu'à cette place,
Au lieu des trois couleurs, flotte le blanc drapeau ;
Dans les retranchements il lance son chapeau :
— « Qui va me le chercher, enfants ? »

                                    Sous la mitraille,
Le premier, il franchit le fossé, la muraille ;
On le suit : son audace épouvante les Bleus,
Les Bleus fuient ; dans Saumur il pénètre après eux,
Et Laville-Baugé l'escorte par les rues.
Des masses de soldats de tous points accourues
Y jettent pour mieux fuir les fusils par milliers,
Les fusils qui font feu sous les deux cavaliers.

Postés près du grand pont sous qui la Loire coule,
Passage trop étroit au torrent de la foule,
L'un charge le mousquet par l'autre déchargé :
Henri, c'est le tireur ; le servant, c'est Baugé.
La terreur des fuyards est tellement profonde,
Que sur ces jeunes gens par qui meurt tant de monde,
Nul en se retournant ne se venge ; pourtant,
Un dragon revient, seul, et tire à bout portant
Deux coups de pistolet dont aucun ne les touche ;
Le sabre de Henri sur la terre le couche.

Mais du château les Bleus qui les apercevaient,

Pointaient là leurs canons, et les boulets pleuvaient,
Et Laville-Baugé frappé soudain chancelle ;
Son ami le relève et le remet en selle.
Deux pièces à leurs yeux se présentant bientôt,
Ils y portent le feu pour répondre au château.

Soixante Vendéens en ce moment accourent.
Ils volent tous les deux à leur tête, parcourent
La longueur des deux ponts, et pour que sur ses pas
Le troupeau fugitif ne s'en revienne pas,
Ils coupent le second, celui de la Croix-Verte,
Et braquent des canons près de la Loire ouverte.

Redoutes et château, vous résistez en vain :
Saumur aux Paysans appartiendra demain,
Demain ils auront fait leur meilleure conquête ;
Ils iront admirant cette ville coquette,
Cet amas de maisons dans les airs étagé,
Et ce fleuve si large en deux bras partagé ;
Ils s'asseoiront au bord, et, d'une âme naïve,
Écouteront chanter l'eau qui frappe la rive,
Puis, montés au donjon, que leur cœur sera fier
De l'avoir emporté, lui, si terrible hier !...

Henri s'est accoudé, pensif, à la fenêtre
D'une église fermée où son regard pénètre :
Du culte abandonnés, et la nef et le chœur

CHATEAU DE SAUMUR

CHATEAU DE SAUMUR

Enferment le butin gagné par le vainqueur,
— Sabres, fusils, caissons, immense artillerie.

Deux heures ont passé sur cette rêverie,
Et, le front dans la main, il la poursuit toujours.

Un officier survient, qui l'arrête en son cours :
— « Que faites-vous? » dit-il.

       — « A nos succès je songe,
Je songe, et cette idée en la stupeur me plonge,
Que nous ayons tant fait, disposant de si peu :
Dieu le voulait, sans doute!... Oh! oui, tout vient de Dieu! »

Les chefs ayant choisi d'un accord unanime
Jacques Cathelineau pour généralissime,
On va sur l'autre bord chercher d'autres dangers ;
Voilà la Grande-Armée en marche sur Angers.

Mais perdront-ils le fruit de leur belle victoire?
Il faut garder Saumur, cette clef de la Loire.
Tous ils voudraient courir à de nouveaux combats ;
On retient à grand'peine un millier de soldats.
Nul ne s'y résoudrait si l'un des chefs qu'on aime,
Henri, ne faisait pas ce sacrifice extrême
De rester avec eux, oisif et languissant,
Alors que ses amis vont répandre leur sang.

Mornes, ses compagnons comme par un mirage
Voyaient toujours pointer le clocher du village;
Leurs champs et leurs maisons surgissaient devant eux;
Et, las de leur repos, dans l'étable les bœufs
Pleuraient le maître absent, mais d'une voix si triste,
Que, son cœur se brisant, nul maître ne résiste
A cet appel plus fort que tout pouvoir humain.
Comme l'eau goutte à goutte échappe de la main,
Les gars ainsi laissaient la place abandonnée,
Et cheminaient par groupe. — Il vint une journée
Où, sur mille soldats qu'au début ils étaient,
Monsieur Henri compta huit hommes qui restaient!...
Quand la ville dormait, pour tromper sur leur nombre,
Il les menait criant et chevauchant dans l'ombre;
Puis, ayant au pays fait passer le butin,
Il partit, — et Saumur était libre un matin.

VIII

L'ÉTOILE PALIT

Voici les mauvais jours : cette chaîne étonnante
De victoires se rompt aux murailles de Nante.
Dans ce siége fatal, blessé mortellement,
Hélas! Cathelineau rend l'âme en ce moment.

— A Saint-Florent-le-Vieil entourez sa demeure ;
Pleurez, ô Vendéens! pleurez sa dernière heure ;
Regardez à vos pieds la Loire qui s'étend :
Pleurez! dans quatre mois la Loire vous attend!
A ce nom si néfaste, oh! que le cœur se serre!...

Pendant ces quatre mois faut-il suivre la guerre,
Et dire la défaite essuyée à Luçon?
— Sur le pont de Minclay se renverse un caisson ;
La foule s'accumule, on se jette à la nage ;
Le pont et le ruisseau sont rouges de carnage ;
Le reste de l'Armée aura bientôt péri ;
Mais pour sa délivrance elle a Monsieur Henri :
Il descend de cheval, appelle quelque brave,
Les aide de l'épaule et repousse l'entrave.

Les gars se mesurant avec les Mayençais,
Les Mayençais battus à Torfou — quel succès !

— Sans vous on a fourni cette lutte homérique,
Si bien à votre taille, ô jeune homme héroïque!
Que faisiez-vous alors? Ah! la muse se plaint
Qu'on ait vaincu sans vous, La Rochejaquelein!...

Une blessure vive et qu'une balle a faite,
Le tenait éloigné de cette grande fête.
— Sur Martigné-Briand les Bleus marchaient nombreux ;

Monsieur Henri donnait, au fond d'un chemin creux,
Ses ordres à sa troupe. — A travers le feuillage,
Un tirailleur, rôdant aux abords du village,
Le blesse à la main droite ; en vain le sang coulait,
Sa main n'a pas laissé tomber le pistolet.
Oh ! pour que le stoïque y songe davantage,
Il faut que sur les Bleus il ait pris l'avantage.

Non, vous n'attendrez pas que ce mal soit guéri :
L'Armée a tant besoin de vous, Monsieur Henri !
Malgré tous ses efforts, de journée en journée,
Ne la voyez-vous pas vers l'abîme entraînée ?
Ah ! le ciel vous réserve à ce rôle si beau
De mener noblement la Vendée au tombeau !

LE PASSAGE DE LA LOIRE

LE PASSAGE DE LA LOIRE

18 OCTOBRE 1793

I

CHOLET

'AUBE vient de blanchir, et Cholet dans ses landes
Voit s'avancer, offrant l'aspect de vieilles bandes,
Des soldats en bon ordre et marchant tous au pas.
Sont-ce les Vendéens ?... On ne le croirait pas !
Pourtant ce sont bien eux, qui, vivante muraille,
Viennent tenter le sort d'une grande bataille ;

Cernés de toutes parts, traqués comme des loups,
S'ils n'écrasent les Bleus, ils meurent sous leurs coups.

Les Bleus se sont rangés en avant de la ville :
De part et d'autre on est plus de quarante mille.

La Rochejaquelein, à gauche, a devant lui
Les rudes Mayençais, et Kléber, et Beaupuy.
Stofflet et Marigny, qui commandent l'autre aile,
Font face à Westermann; au général Léchelle
Sont opposés d'Elbée et Bonchamps. Mais les Bleus,
Outre leurs généraux, ont encore avec eux
Sept Conventionnels, qui surveillent l'armée
Et lui soufflent l'ardeur de leur âme enflammée.
Un seul reste inactif et pâle, au dernier rang :
Ah! sans doute Carrier n'aime pas voir le sang?...

D'un combat les canons sont le préliminaire ;
Mais celui-ci n'est pas un combat ordinaire :
Les Bleus ont des canons ; les Blancs qui n'en ont point
Fondent au pas de course et le fusil au poing.
O furieuse attaque ! ô terrible mêlée !
Westermann a rugi : sa colonne ébranlée
Recule pied à pied, mais recule toujours,
Et déjà de la ville elle atteint les faubourgs.
— Courage, Vendéens! voici plier le centre ;
Contre les Mayençais que le choc se concentre ;

De la lutte à présent ils portent seuls le poids :
Frappez ! et que pas un n'échappe, cette fois ;
Achevez ici l'œuvre à Torfou commencée !

En vain des Mayençais la phalange pressée
Oppose aux Paysans une ligne d'airain ;
Comme toute l'armée ils cèdent le terrain.

D'allégresse et d'espoir leurs ennemis tressaillent ;
Des canons sont saisis et les masses *s'égaillent ;*
Leur cercle se resserre, ils vont tout écraser,
Et le pays enfin pourra se reposer !

Malheur ! la lutte prend une face nouvelle !
Un secours imprévu tout à coup se révèle ;
On entend des chevaux, on entend des clairons :
C'est Haxo conduisant au feu ses escadrons,
Haxo qui pour les Bleus fait pencher la victoire.

Malheur ! un traître crie : « A la Loire ! à la Loire ! »
L'effroi trouble les cœurs, les bras sont arrêtés.
« A la Loire ! à la Loire ! » — On fuit de tous côtés.

Un bataillon sacré cependant se rassemble :
Les braves et les chefs veulent périr ensemble,
Et ces quatre cents preux, transportés de fureur,
Entament un combat d'une indicible horreur :

On jette sur le sol sabres et carabines,
On se prend corps à corps, poitrines à poitrines,
On s'étreint en hurlant, on s'étouffe, on se tord,
Jusqu'à ce qu'un des deux sous l'autre tombe mort.
Mais d'Elbée et Bonchamps brandissaient leurs épées,
Dans le sang ennemi plus de vingt fois trempées;
Au plus épais des Bleus ils couraient, haletants,
Ils couraient... Les voilà frappés en même temps,
D'Elbée atteint au front et Bonchamps à la hanche.
Pour maintenir leur corps qui faiblit et se penche,
Ils saisissent tous deux les crins de leurs chevaux :
Hélas ! c'en était fait de leurs nobles travaux !
Il faut qu'on les enlève en hâte de leur selle,
Qu'en hâte on les emporte; — au flot qui s'amoncelle
Ils allaient succomber, ces soldats généreux.
La Rochejaquelein criait : « Mourons près d'eux !
Sans reculer d'un pas, mourons dans cette lande ! »
Et lui-même il était entraîné par sa bande,
Et les derniers débris rejoignaient en courant
Le chemin de Beaupreau qui mène à Saint-Florent.

— La bataille est finie : à vous, oiseaux de proie !
Toi, plus acharné qu'eux, bondis, bondis de joie,
Carrier !... Durant le choc la peur glaçait tes os;
Triomphe maintenant, précède les drapeaux,
Lève ton front vainqueur, et, d'une main hardie,
Promène dans Cholet le meurtre et l'incendie;

Excite les soldats, loin de les retenir :
Leur victoire est sans tache, et tu veux la ternir.
Ils se sont tous conduits vaillamment ; il te fâche
Auprès de ces vaillants d'avoir été si lâche ;
Jusqu'à ton infamie il faut les ravaler :
Allez donc de concert piller, tuer, brûler !...

II

FUITE VERS LA LOIRE

Vers Saint-Florent-le-Vieil une innombrable foule
S'agite dans la nuit comme un fleuve qui houle.
Une clameur immense en sort à tous moments :
Bruit de pas, bruit de voix, cris et mugissements.
Nulle étoile ne brille, et le ciel est si sombre
Que l'on ne verrait pas à se guider dans l'ombre ;
Mais sur les bois, au loin, des flammes ont monté,
Prêtant aux Vendéens leur rougeâtre clarté.

Le jour se lève enfin, le jour livide et morne,
Et tel qu'il convenait à ce malheur sans borne.

Quel funèbre convoi ! — Dès la veille, aux fuyards
Par milliers s'étaient joints des femmes, des vieillards :

Fermes, hameaux, tout brûle; ils n'ont plus de retraites.
Quelques-uns du désastre ont sauvé leurs charrettes,
Qui portent tout leur bien — du pain, des vêtements,
Des vases où cuiront leurs pauvres aliments.
Malades et blessés s'y pressent pêle-mêle,
Et les mères tenant leurs fils à la mamelle.
Mais tous n'ont pas de bœufs pour traîner leurs fardeaux;
Que de femmes s'en vont, leurs enfants sur le dos!
Que de filles, pieds nus, soutenant leur vieux père,
Ou leur frère qui pleure et qui se désespère!

Sans ordre les soldats s'avancent, dispersés,
Et les rangs sont partout de fusils hérissés.

Pourquoi s'amassent-ils près de cette voiture?
Blessé d'un coup mortel, c'est là que gît Lescure.
Du grand combat d'hier le Saint était absent:
Pour sa cause il avait déjà versé son sang.
— Il rejoignait Cholet, lorsque vers la Tremblaye
Il a cru distinguer à travers une haie
Un mouvement furtif, l'habit républicain.
Il gravit un talus pour en être certain:
Ce sont les ennemis... Tourné vers son escorte,
Il lui crie: « En avant! » Mais il tombe, on l'emporte;
Vers Beaupreau ses soldats l'emportent en pleurant,
Et c'est là qu'il souffrait, quand survint le torrent.

Veillez sur lui, veillez ; hélas ! la mort jalouse
Vous fera trop tôt veuve, ô jeune, ô triste épouse !

Plus loin, sur un brancard, objet de soins touchants,
Pâle comme un linceul, est étendu Bonchamps.
Tous ceux qui l'ont suivi dans sa belle carrière
L'entourent, et plus d'un récite une prière,
Pour que Dieu leur conserve un chef si précieux.
Ils dévorent leurs pleurs et vont silencieux.

Des coups de feu soudain retentissent ; l'alarme
Se répand et chacun a relevé son arme.
— Les Bleus jusqu'à Beaupreau les avaient harcelés ;
Mais par tant de fatigue ils étaient accablés,
Que Westermann, tombant aussi de lassitude,
Avait fait un instant grâce à la multitude.
Ils ont pris du repos sans doute et ce sont eux
Qui reviennent ; partout ce cri vole : « Les Bleus ! »
Puis le calme succède à la terreur panique.
— Cinq mille prisonniers faits à la République
Dans la foule marchaient, négligemment gardés ;
A s'enfuir par les champs neuf s'étant hasardés,
Le vieux Cesbron d'Argogne accourt pour les reprendre,
Et sur eux fait tirer les coups qu'on vient d'entendre.

— « Saint-Florent ! Saint-Florent ! Voyez-vous son clocher ? »

Ce but de tant de vœux, on va donc le toucher!...
Les coteaux s'étageaient dans le lointain bleuâtre,
Et la Loire courait comme un ruban grisâtre,
Et tous les fugitifs, pour saluer ces eaux,
Agitaient leurs bâtons, leurs fusils, leurs chapeaux.

III

GRACE AUX PRISONNIERS !

De Saint-Florent-le-Vieil la place est envahie
Où s'élèvent l'église et la vieille abbaye.
La foule s'épaissit, ses cris montent toujours,
Et son égarement se peint dans ses discours :

— « Tuons les prisonniers que l'église renferme !
Ont-ils rien épargné? Le village et la ferme,
Ceux qui les habitaient, et les bois, et les blés,
Ils les ont sans merci massacrés ou brûlés !... »
— « Oui ! oui ! comme ils l'étaient, soyons impitoyables :
Mort aux Républicains ! »
      — « Quels tourments effroyables
Mes proches ont soufferts ! »
      — « Et les miens ! »
        — « Et les miens ! »

— « Abattons ces maudits, comme on abat les chiens,
Quand la rage les prend. »
      — « Oui ! vengeons nos familles ! »
— « Je vengerai ma mère ! »
      — « Et moi, mes pauvres filles ! »
— « Mon père fut traîné par ses longs cheveux blancs ! »
— « J'ai vu mes nouveau-nés sur leurs fusils sanglants ! »
— « Ma sœur ! ils vont payer leur attentat infâme ! »
— « Égorgeons ou brûlons ! Du fer ou de la flamme ! »
— « Les délivrer ? jamais ! Les emmener ? non ! non !
Mitraillons-les plutôt : un canon ! un canon !... »

Or, pendant que ces cris de fureur et de haine
Vont grondant, il se passe une émouvante scène
Dans la chambre où Bonchamps vient d'être transporté.
Ses officiers sont là, blêmes d'anxiété,
Comprimant le sanglot qui fait trembler leur bouche,
Et l'œil avidement tendu vers cette couche,
Où le chirurgien, attentif et penché,
Enlève le sang noir de la plaie épanché.
Oh ! comme elle est profonde et large, cette plaie !
Plus il la sonde, hélas ! et plus elle l'effraie.
Puisse-t'il se tromper ! mais il est convaincu
Qu'avant la fin du jour Bonchamps aura vécu.
Muet, il se relève, et sur son front austère
Chacun lit le secret que sa lèvre doit taire ;
Vainement leur douleur cherche à se contenir,

Le blessé comprend bien que la mort va venir.

Devant un officier la porte s'est ouverte ;
Il marche au général, la tête découverte,
Et, d'une voix émue, il dit en quelques mots
Comment les Vendéens veulent venger leurs maux ;
Que le Conseil s'assemble et lui-même décide
De laisser accomplir ce projet homicide ;
Mais, quand il faut passer à l'exécution,
Nul n'accepte pour soi l'atroce mission ;
Que la masse est toujours de carnage affamée,
Que les canons sont prêts et la mèche allumée.

Le mourant sur son lit se dresse, stupéfait.
L'horreur a ranimé son visage défait ;
Levant les yeux au ciel, sa prochaine patrie,
D'un accent déchirant et sublime il s'écrie :

« Ah ! grâce aux prisonniers ! »

        Et vers lui se penchant :
— « Ami, promettez-moi, dit-il à d'Autichamp,
Que l'on m'obéira ; si j'ai cette assurance,
Je supporterai mieux jusqu'au bout ma souffrance.
Cet ordre est le dernier que je vous donne, ami,
Moi qui serai bientôt dans la tombe endormi ! »

Un cavalier s'élance, et ce beau cri résonne :
« Grâce ! Bonchamps le veut ! Grâce ! Bonchamps l'ordonne ! »

De bouche en bouche il vole, et tel est son pouvoir,
Que ces cœurs ulcérés rentrent dans le devoir :
Moins prompte à s'apaiser, moins prompte est la tempête.
De honte et de regret ils baissent tous la tête,
Et, pour faire oublier leur crime racheté,
Disent à leurs captifs : « Allez en liberté ! »

IV

LE PASSAGE

Au bas de Saint-Florent la plage était déserte ;
Cent mille Vendéens tout à coup l'ont couverte,
Et c'est un mouvement, un tumulte, un chaos,
Un fracas !... On dirait le bruit des grandes eaux !
Les soldats, les vieillards, les enfants et les femmes,
Tendent vers l'autre rive et leurs bras et leurs âmes :
— Tous les maux sont finis s'ils parviennent là-bas ;
Là-bas plus d'ennemis, plus de hideux combats :
La liberté, la paix, une chaumière neuve,
Tous les biens sont là-bas, sur l'autre bord du fleuve !

Or de la Meilleraye arrivent en ramant
— Dérision du sort ! — vingt pêcheurs seulement,
Vingt bateaux pour passer la multitude immense !...
A peine ils ont touché, le passage commence ;
Tous se jettent à l'eau, tous sautent à la fois
Dans les bateaux trop pleins, qui craquent sous le poids.
— Par bonheur, pas un souffle au ciel qui se dégage ;
Des flots calmes et bleus. — Plus d'un Vendéen nage
Vers l'île Batailleuse, où montent par milliers,
Comme à l'île Moquard, chevaux et cavaliers.
Les barques vont toujours ; quand, épuisés, leurs maîtres
Déposent l'aviron, ce sont de pauvres prêtres,
Des prêtres déguisés, qui font pour Jésus-Christ
Un métier que jamais aucun d'entre eux n'apprit.
Les barques vont toujours, et sitôt qu'ils la touchent,
Les paysans sauvés sur la rive se couchent,
Et, sombres, les regards tournés vers Saint-Florent,
Ils ne sauraient partir, tant qu'il manque un parent.
Puis dans ce pêle-mêle on cherche sa famille,
Un père ses garçons, une mère sa fille,
Et ceux qui par la houle ont été dispersés,
Se tiennent en pleurant longuement embrassés.

La Rochejaquelein, hors de lui, sur la plage
Court et s'oppose en vain à ce fatal passage :
Sa voix est méconnue ; il sent fuir sa raison...
Il monte à Saint-Florent et gagne la maison

Où Lescure attendait sur son lit de souffrance.

— « Tout est perdu ! dit-il, perdu sans espérance !
On quitte la Vendée, on la quitte ! mais moi,
J'y mourrai !... »

                — « Je prétends y mourir avec toi ! »
Et Lescure, levant son front qui se ranime,
A voulu s'élancer d'un élan magnanime.

On leur montre combien ils seraient insensés
De rester sur ce bord : — Tant de gens sont passés
Qu'on ne ferait jamais revenir en arrière !
Et pourquoi ce retour, quand la Vendée entière
N'est qu'un monceau de cendre, un cimetière affreux,
Où le pain manquerait à tant de malheureux ?
Plus de munitions pour soutenir la guerre !
Mais des balles, du pain, dans cette noble terre,
Dans la Bretagne amie, on leur en donnera ;
Ce peuple fraternel pour eux se lèvera.

Bientôt dans un fauteuil on portait au rivage
Lescure, que suivaient, dardant un œil sauvage,
La Rochejaquelein et d'autres chefs amis,
Qui, tirant leur épée, en cercle s'étaient mis.

Un silence profond se faisait sur la rive,

Et la foule s'ouvrait.

    En même temps arrive,
Escorté par les siens et plus malade, hélas !
Et plus faible, Bonchamps sur un dur matelas.
— Sol vendéen ! ô sol qu'ils ont couvert de gloire,
Tes deux fils vont mourir au delà de la Loire !

V

LA FIN D'UN JUSTE

Comme à la Meilleraye abordait le bateau,
On sentait que Bonchamps expirerait bientôt :
Sur son regard voilé s'affaissait sa paupière ;
Son visage était pâle et froid comme une pierre,
La sueur y perlait, et les sons de sa voix,
Si sonores, si pleins, si mâles autrefois,
S'éteignaient ; il coulait du sang de sa blessure,
Qui lui brûlait le flanc de son âcre morsure.

Sous le toit d'un pêcheur le héros est porté.
Deux prêtres vendéens, debout à son côté,
Le crucifix en main, tour à tour l'entretiennent
Des fortes vérités qui seules nous soutiennent,

RESTES DE L'HABITATION DE BONCHAMPS

RESTES DE L'HABITATION DE BONCHAMP

Quand nous livrons, chrétiens, le dernier des combats.
Ils promettent le ciel à celui qu'ici-bas
Dans le sentier du bien on vit marcher fidèle,
En suivant pas à pas Jésus, son doux modèle.

Bonchamps les écoutait avec ravissement,
Et sa face brillait d'un saint rayonnement ;
Ses yeux étaient levés vers la voûte infinie,
D'où semblait lui venir comme un flot d'harmonie,
Et son corps, dégagé, ne souffrait plus de maux.

Au milieu du silence il prononce ces mots :
« Votre miséricorde, ô Seigneur ! ô mon père !
Oui, je vais l'éprouver, oui, mon âme l'espère !
Dans ma vie il n'est rien dont je doive rougir :
Un sentiment d'orgueil ne m'a point fait agir ;
Mon cœur n'a point cherché, tant il l'estimait vaine
Et vide devant vous, la renommée humaine.
Si j'ai saisi l'épée et si j'ai combattu,
C'était pour soutenir les droits de la vertu,
C'était pour renverser l'impiété, le crime,
Les tyrans dont la main sanglante nous opprime.
Je n'ai pu relever le trône et les autels,
Mais j'expire pour vous, principes immortels !
J'ai servi Dieu, mon Roi, la France, ma patrie,
Et j'ai su pardonner !... »

L'assistance attendrie
Admire en sanglotant l'angélique ferveur
Que montre sur ses traits cet élu du Sauveur.
A genoux, chacun pleure et ce n'est qu'une plainte ;
Le prêtre pleure aussi pendant l'onction sainte.

Quand Bonchamps eut reçu les sacrements derniers,
Souvent il répéta : « Grâce à nos prisonniers !
Sauvez-les, mes amis ! il faut me le promettre ;
Cette grâce, je dois l'emporter à mon Maître ! »

Il se lève soudain par un suprême effort :
— « Pardonnez !... »
      Il retombe, — et Bonchamps était mort !

LES FUNÉRAILLES

LES FUNÉRAILLES

OCTOBRE 1793 — JANVIER 1794

I

MONSIEUR HENRI GÉNÉRALISSIME

A Loire était passée. — En un coin solitaire
On avait enterré Bonchamps avec mystère;
La foule avait gagné Varade, et l'encombrait.
Les chefs, dans la maison où Lescure souffrait,
S'assemblaient, recueillant aux deux bords de sa couche
Chaque mot qui sortait lentement de sa bouche;

Et le Saint du Poitou leur disait : « Mes amis,
Le chef suprême auquel notre sort fut commis
Tomba devant Cholet ; — victime dérobée
Aux coups de nos vainqueurs, qu'est devenu d'Elbée ?...
Il est temps qu'à sa place un chef soit établi. »

— « C'est vous qui le serez, une fois rétabli. »

— « Messieurs, je suis blessé mortellement, et même,
Si je dois vivre encor, par une grâce extrême,
Je serai de longs mois — qui de vous ne le sent ? —
Hors d'état de servir. En ce péril pressant,
Nommons un général d'une active bravoure,
Connu des paysans, que leur estime entoure,
Qu'officiers et soldats chérissent à la fois ;
C'est là le vrai moyen de nous sauver, je crois.
La Rochejaquelein, voilà le seul peut-être
Qui des divisions se soit bien fait connaître ;
Je vous conseille donc, messieurs, de le nommer,
Et vous verrez l'ardeur de tous se rallumer. »

Les chefs sortent bientôt de leur Conseil intime :
La Rochejaquelein est généralissime !

Et partout dans Varade on n'entend plus qu'un cri :
« Salut à notre chef ! Vive Monsieur Henri ! »

Avec un tel soutien tout leur semble possible ;
Avec un tel héros l'Armée est invincible !
O favorable augure ! ô doux rayon qui luit
Pour dissiper l'orage amassé dans la nuit !
Par cette élection s'ouvre une nouvelle ère :
Oui ! le Ciel apaisé veut finir leur misère !

— Quel serait, pauvres gens, votre affreux désespoir,
Si Dieu dans l'avenir vous accordait de voir !...

Mais celui qui fait naître une si vive joie,
Lescure auprès de lui demande qu'on l'envoie.
En vain parmi le peuple on l'a partout cherché ;
Dans le fond d'une chambre on le trouve caché :
Sur la tombe d'un fils comme pleure une mère,
Ainsi pleurait Henri dans son angoisse amère ;
Car son esprit craintif ne pouvait concevoir
Qu'à lui, faible, on remît le fardeau du pouvoir.

Arrivé près du lit de Lescure, il s'élance
Aux bras de son cousin ; puis, après un silence :
— « N'as-tu pas, mon ami, maintes fois constaté
Au sein de nos Conseils mon incapacité ?...
Oui, je cours des premiers s'il faut qu'on se hasarde ;
Mais pourquoi faire un chef d'un soldat d'avant-garde ?...
Mes vingt ans auront-ils assez d'autorité,
Et s'inclinera-t-on devant ma volonté ?

Toi, l'on t'obéirait !... Ta blessure guérie,
Tu nous commanderas? promets-le, je t'en prie ! »

— « Si je vis..., près de toi, Henri, je me tiendrai,
Et comme aide de camp je te seconderai.
De tout ce que tu vaux tu n'as pas conscience :
Eh bien ! il nous faudra vaincre ta défiance
Et déjouer ceux-là qui par ambition
Rendraient plus rude encor ta rude mission. »

Alors, en soupirant, Monsieur Henri qui cède :
— « Ainsi donc soit-il fait, et Dieu vienne à notre aide ! »

II

AU FOND D'UN CHEMIN CREUX

Comptant sur les Bretons et sur de prompts secours,
Déjà la Grande-Armée a marché quatre jours.
On ne distingue pas, tant ce peuple est immense,
Où la masse finit, où la masse commence.
En tête du convoi, des flots tumultueux
De gars armés, traînant des canons avec eux,
Pour repousser un choc, pour que les villes fortes
Tremblent à cette vue et leur ouvrent les portes ;

CARNAC ET QUIBERON

CARNAC ET QUIBERON

Puis, après l'avant-garde, un spectacle navrant :
D'hommes et d'animaux n'est-ce pas un torrent?
N'est-ce pas un chaos qui bruit et fourmille?
On avance à pas lents par groupe, par famille ;
Des coiffes, des chapeaux, des fusils ; — des chevaux,
Qui, rompus de fatigue et n'ayant que les os,
Transportent des blessés moins affaiblis qu'eux-mêmes.
Là, ce sont des vieillards tout chancelants et blêmes ;
Là, dans une charrette, un mourant que soutient
Un prêtre, qui se penche et du ciel l'entretient.
D'autres prêtres, plus loin, consolent d'autres âmes.
Le désespoir au cœur, de pauvres jeunes femmes
A leurs petits enfants qui s'épuisent en cris
Offrent leurs seins, hélas ! de misère taris.
Sur le chemin boueux que de pieds sans chaussures,
Meurtris, laissent couler du sang de leurs blessures !
Que de regards éteints ! que de fronts sans couleur,
Où la santé naguère éclatait dans sa fleur !...

Voici l'arrière-garde et la lourde voiture
Où l'on a déposé le malheureux Lescure.
C'est sa femme qui veille auprès du moribond.
Lorsqu'un choc le secoue, il se lève d'un bond,
Crie et porte ses mains comme un fou vers sa tête :
Sa souffrance est trop vive, il faut que l'on s'arrête ;
Puis la marche reprend au signal de Forêt.

Laval ! à l'horizon, c'est Laval qui paraît.

Comme on en était proche, une troupe se montre,
Qui pour chasser les Blancs venait à leur rencontre.
Quelques coups sont tirés, quelques boulets lancés,
Et les Républicains sont eux-mêmes chassés.
Monsieur Henri surtout vole par la campagne ;
Il entre en un sentier où nul ne l'accompagne.
Un fuyard se tournant regarde ce rival :
Voyant que d'une main il guide son cheval,
Qu'il a l'autre en écharpe, — au milieu de la route
Il se pose et le vise... Il le tûra, sans doute !
Son doigt presse déjà la détente... Soudain,
Le docile cheval, bondissant comme un daim,
Jusqu'aux pieds du soldat a dévoré l'espace,
Et les deux ennemis se trouvent face à face.
Henri, laissant flotter la bride sur le cou,
Gouverne l'animal de son nerveux genou,
Et saisit de sa main l'habit de l'adversaire
Qu'il étreint, comme l'aigle une proie en sa serre.
Il se tord avec lui, qui voudrait échapper
Et dégager son arme afin de l'en frapper,
Avec lui qui voudrait l'arracher de la selle.
Tous deux sont haletants et leur front en ruisselle ;
Un même sentiment prolonge leur effort :
Dans ce sentier désert c'est une lutte à mort !...

Mais le Républicain pousse un long cri de rage :
Vers eux des Vendéens fondaient comme l'orage.
— « Tuons-le ! tuons-le ! » s'écriaient-ils.

         — « Enfants !
Répond Monsieur Henri, moi, je vous le défends ! »
Et puis, en s'adressant au soldat qui s'étonne :
— « Retourne vers les Bleus, dit-il, je te pardonne.
Dis que tu t'es trouvé, seul, au fond d'un chemin,
Avec moi qui n'avais point d'arme et qu'une main ;
Mais le chef des *Brigands* a si bien su défendre
Sa vie en ce duel, que tu n'as pu la prendre ! »

III

LUTTE NOCTURNE

L'Armée a dans Laval goûté quelque repos.
Renforts bien précieux, là viennent par troupeaux
Six mille paysans de Bretagne et du Maine.
Ceux-ci, c'est le fameux *Jean Chouan* qui les mène,
Et c'est Louis Treton, nommé *Jambe-d'Argent*.
— Les siens lui refusaient une arme, la jugeant
Inutile en ses mains ; dévorant cet outrage,
A la première affaire il montre un tel courage,

En prenant le fusil qu'on ne lui donnait pas,
Que bientôt comme chef les siens suivaient ses pas.

Oh ! les fiers partisans ! quel air rude et sauvage !
Des chapeaux à grands bords recouvrent leur visage,
Leur visage enfoui sous d'incultes cheveux;
Puis, avec ses longs poils, sur leurs membres nerveux
S'étend la peau de chèvre, habit de la contrée,
Que mainte et mainte fois la lutte a déchirée.
Quand pourront-ils prouver, ces soldats en haillons,
Qu'ils ne broncheront pas devant les bataillons,
Et que, si pour les Bleus ils ont pareille haine,
Ils partagent aussi la valeur vendéenne ?...

Ah ! cette occasion, ils vont bientôt l'avoir !

La ville s'endormait sous les ombres du soir,
Et de rares passants se croisaient dans les rues.
Tout à coup les voilà bruyamment parcourues :
— « Aux armes ! criait-on ; aux armes ! à cheval !
Et sus aux Mayençais qui viennent sur Laval ! »

Henri par quelques mots encourage les âmes,
Et l'on va dans la nuit.

     On se joint près d'Entrames,
Et les gars, surmontant leur instinctive horreur

JOSSELIN

Pour tout combat nocturne, attaquent en fureur
Ceux qui les ont bannis de la terre natale
Et s'acharnent encore à leur œuvre fatale.
Bleus et Blancs, tout se mêle en cette obscurité,
Que coupe des fusils la rapide clarté ;
On tire sur les siens, et l'on prend la cartouche
Dans le même caisson que l'ennemi qu'on touche.
A franchir un fossé le Vendéen Keller
Aidait un Mayençais ; — la lueur d'un éclair
Lui fait voir quel est l'homme à qui sa main se prête :
De son sabre aussitôt Keller lui fend la tête...

— Landes de Croix-Bataille, oh ! qui dira le sang
Que boit dans cette nuit votre sol rougissant,
Jusqu'à l'heure où les Bleus, décimés en grand nombre,
Font sur Château-Gontier leur retraite dans l'ombre ?

IV

CHATEAU-GONTIER

C'était la nuit suivante ; aucun poste avancé
Aux abords de Laval n'avait été placé.
Quelle armée imprudente ! il n'était pas en elle
Un soldat qui voulût rester en sentinelle ;

Et pourtant que de fois ils ont été surpris !
Ce soin, les officiers sur eux l'ont toujours pris.

Pendant que, fatigué du combat de la veille,
Depuis longtemps déjà tout le monde sommeille,
Vingt hommes à cheval conduits par Forestier
Vont à la découverte et vers Château-Gontier.
Ils voient, en arrivant auprès du bourg d'Entrames,
Un camp où les bivouacs font scintiller leurs flammes :
Un formidable assaut s'apprête pour demain...
Vite les éclaireurs ont rebroussé chemin.

Des premiers feux du jour quand le ciel se colore,
Dans Laval retentit un roulement sonore.
A cet appel, les gars, d'étonnement frappés,
Accourent ; sur la place ils se sont attroupés.

Monsieur Henri, levant sa belle tête blonde,
Fait éclater sa voix sur la foule profonde :
« Ce n'est plus, leur dit-il avec émotion,
Ce n'est plus, comme hier, une division
Qui vient fondre sur nous ; — non, c'est toute une armée !
Soyez à la hauteur de votre renommée,
Vendéens ! Battez-vous en hommes convaincus
Que c'en est fait de vous si vous êtes vaincus.
Pensez dans le péril, pour soutenir vos âmes,
Que vous jouez le sort de vos fils, de vos femmes ;

Pensez à vos malheurs commencés à Cholet...,
Et que ce jour éclaire un triomphe complet ! »

Henri, par ce discours qu'à longs cris on acclame,
Au cœur des Paysans communique sa flamme ;
Ils défilent en masse et suivent les tambours.

Il est une maison, au sortir des faubourgs,
Devant qui tous les yeux se remplissent de larmes,
Se lèvent les chapeaux et s'abaissent les armes.
Ces honneurs spontanés, à qui sont-ils rendus ?...
Le front ceint d'un bandeau, les deux bras étendus,
Là-haut, à la fenêtre, est le pauvre Lescure.
Oh ! quel regret se peint sur sa pâle figure !
Au lieu de saluer ceux qui s'en vont mourir,
Avec eux au combat que ne peut-il courir !...

Vers le milieu du jour et non loin de la ville,
Les Bleus pour ce combat s'avancent trente mille.
De braves généraux leur prêtent leur appui :
Kléber, Marceau, Chalbos, Westermann et Beaupuy.
Mais Léchelle a sur eux l'autorité suprême,
Chef dont la lâcheté vaut l'ignorance extrême.
En colonne serrée il veut que sur les Blancs
On fonce, sans tenter d'assaillir par les flancs,
Comme si l'on allait passer une revue.
Monsieur Henri saisit cette faute imprévue,

Cette faute qui porte en germe le succès,
Et fait avec vigueur charger les Mayençais.
Beaupuy, Marceau, Kléber, à la taille d'Hercule,
S'y battent... et pourtant l'avant-garde recule,
Et tous les bataillons derrière elle entassés
Ont subi ce reflux qui les a repoussés.

Les chefs républicains, devant les rangs qui plient,
Ont braqué des canons, et leurs gens se rallient :
Douze hommes de Stofflet, aux ordres de Martin,
Courent sur ces canons, et leur feu s'est éteint.
D'autres pièces en hâte auprès d'eux sont roulées,
Qui suivent pas à pas les lignes refoulées.
Ce cercle de fumée et de flammes devient
Le centre du combat : Monsieur Henri s'y tient ;
Il observe la lutte avec son regard d'aigle.
Ce besoin du danger qui l'emportait sans règle,
S'il n'y résistait pas, compromettrait leur sort.
O l'enfant de génie ! il est calme, il est fort !
Il veut être imité par les siens ; il refrène
Ceux qu'en dehors des rangs l'impatience entraîne,
Défend de *s'égailler,* et sur ce mur d'airain
Les Bleus vont se brisant et jonchent le terrain.

Près de son jeune chef plus d'un aussi succombe :
Vieillard en cheveux blancs, voici Royrand qui tombe.
Aux soldats désolés Henri dit en pleurant :

« Ah! nous prîrons demain pour monsieur de Royrand,
Aujourd'hui, vengeons-le ! »

      Leur effort qui redouble
Parmi les Mayençais jette alors tant de trouble,
Qu'ils prennent le parti pris par leurs compagnons,
Ils fuient, abandonnant aux gars tous leurs canons ;
Et vainqueurs et vaincus se roulent vers la ville.
Marceau, Kléber, Turreau, Merlin de Thionville,
Tentent, en frémissant de rage et de douleur,
De ramener leurs gens : inutile valeur !
La masse inexpugnable et foudroyante avance
Contre Château-Gontier, comme une vague immense !

Traversant la Mayenne, un pont y livre accès,
Et Beaupuy le défend avec les Mayençais.
Une balle le frappe, et cet homme héroïque
Dit à ses grenadiers : « Si pour la République
Je n'ai pas triomphé, je meurs pour elle au moins ! »
On l'éloigne du pont pour lui donner des soins ;
D'abord il les repousse, et, de sa main vaillante,
Il déchire en lambeau sa chemise sanglante,
Et bientôt sur le pont sa brigade voyait
Paraître ce drapeau que son chef envoyait.
O haillon éloquent ! ils se sentent de taille
A braver mille morts !... — Des canons à mitraille
Sont pointés sur les Blancs, et la mèche qui luit

— Du ciel tombent déjà les vapeurs de la nuit, —
Éclaire les soldats de sa flamme ondoyante.

La Rochejaquelein, d'une voix souriante :
— « Eh ! mes amis, dit-il, est-ce que par hasard
Les vaincus coucheraient au sein de ce rempart,
Et les vainqueurs dehors ?... »

      Il s'élance ; la masse,
Baïonnette en avant, s'élance sur sa trace ;
La batterie est prise ; — au cœur de la cité
On parvient, et les Bleus fuient par l'autre côté.
Monsieur Henri, Stofflet, les chassent sur la route
Qui conduit vers Angers, complètent leur déroute,
Et dans Château-Gontier, tout étant terminé,
Lorsqu'ils rentrent vainqueurs, minuit était sonné.

V

GRANVILLE

Ils n'ont pas profité de leur grande victoire.
Ah ! s'ils avaient poussé jusqu'au bord de la Loire,
Écrasé l'ennemi déjà tant accablé,
Comme en tournant la meule écrase un tas de blé,

Repassé, triomphants, le large lit du fleuve,
Et gagné leur pays et leur chaumière veuve !
Pour ceux qui trouveraient leurs foyers en débris,
Les fourrés, les genêts n'ont-ils pas des abris ?...

Dieu ne le permit pas, Dieu dont le bras les mène !

Ils ont quitté Laval après une semaine,
Et s'en vont à travers les champs armoricains.
Devant eux, derrière eux, plus de Républicains !
Après tant de labeurs, l'Armée enfin respire.

Nouvelle affliction ! un de ses chefs expire :
Celui que comme un saint aime le paysan,
Et que par les chemins on traîne agonisant,
Lescure, le martyr, rend à Dieu sa grande âme.
— Entendez-vous pleurer sa pauvre jeune femme ?
Ces gars, les voyez-vous, mornes, le cœur en deuil,
Escorter sa voiture, ou plutôt son cercueil ?
Car c'est dans le trajet de Mayenne à Fougères
Que l'âme vient de fuir sur ses ailes légères.
Hélas ! entendez-vous, près de ce corps chéri,
Gémir comme un enfant, gémir Monsieur Henri ?...

Triste nécessité de ces temps de discorde !
Les pleurs qu'en temps de paix à ses morts on accorde,
Des yeux ne peuvent pas à loisir s'épancher,

Car le soin de la vie oblige à les sécher.

— Les Anglais avaient dit : Assiégez une ville,
Un port sur l'Océan, la place de Granville;
Une escadre y viendra vous prêter son secours. —
Et, confiants, les gars ont marché de longs jours.
Voici le bruit du flot battant le promontoire,
Et la cité qui monte au sein de la nuit noire.
Les tambours éclatants répondent aux flots sourds.
Déjà les Vendéens sont maîtres des faubourgs;
En face des remparts les pièces s'établissent;
Des plus adroits tireurs les maisons se remplissent :
Des fenêtres, des toits, ils visent à coups sûrs,
Et les canonniers bleus sont tués sur les murs
Où tonne incessamment leur grosse artillerie.
Celle des assiégeants, trop faible batterie,
Tarde à faire une brèche : attendront-ils en paix
Ce propice moment?... Sur les remparts épais,
Des échelles en mains, quelques soldats se portent;
Mille autres, en poussant de grands cris, les escortent,
Plantent leur baïonnette aux fentes des moellons,
Et montent à l'assaut, grâce à ces échelons.
Forestier, l'arme haute, escalade à leur tête
Chaque retranchement, et la troupe s'apprête
A franchir le dernier... De leurs rangs un cri part :
« Sauve, sauve qui peut! On nous trahit! » — Allard
Court au Républicain qu'il ajuste, et le tue.

A retenir les gars en vain il s'évertue :
— « C'était un déserteur ! » Ils ne l'écoutent pas
Et l'entraînent lui-même : ils foulent sous leurs pas
Le brave Forestier, qui, froissé par le nombre,
Trois heures va rester évanoui dans l'ombre.

Les obus que les Bleus lançaient, lançaient toujours,
Allument l'incendie au milieu des faubourgs ;
La flamme s'y propage, et, sous la nue obscure,
Enlace la cité d'une rouge ceinture.

La marée était basse, on attaque par l'eau.
Deux navires venus du port de Saint-Malo,
Du feu de leurs sabords illuminent la rade,
Et font des assiégeants taire la canonnade.

Un espoir reste encor. — Le jour paraît ; les gars
Sur la mer qui moutonne attachent leurs regards
Et cherchent, anxieux, dans les horizons vagues,
Si la flotte blanchit sur les lointaines vagues.

L'Océan était vide, et le seul goëland
A la pointe des flots se berçait en sifflant.

— « Oui ! les Anglais viendront !... » — Et les chefs à la lutte
Excitent leurs soldats ; de minute en minute,
D'heure en heure, on atteint les ténèbres du soir :

Avec le jour fuyant des cœurs fuyait l'espoir !
Durant la nuit encor le siége se déchaîne.
— Qui sait si ce n'est pas pour l'aurore prochaine?...

La lumière trop lente éclaire enfin les eaux ;
Mais les eaux ne portaient ni barques ni vaisseaux !

En criant anathème à l'Anglais qui les leurre,
Les gars ont exigé qu'on reparte sur l'heure :
— Assez, assez souffrir en des champs étrangers ;
Qu'on retourne à la Loire et qu'on attaque Angers !
Pour rentrer au pays, c'est la porte où l'on passe ;
Ils la prendront d'assaut, quand même cette place
Pour se défendre aurait des légions d'enfer,
Et quand même ses murs seraient des murs de fer !

VI

DOL

A voir les Vendéens mener leurs funérailles,
Qui donc n'aurait senti s'émouvoir ses entrailles?
Oh ! comme ils ont marché, marché vers le néant,
Des bords de leur grand fleuve aux bords de l'Océan !
Leurs victoires ne sont que des victoires vaines,

ÉGLISE DE DOL

EGLISE DE DOL

Qui de l'Armée, hélas ! appauvrissent les veines,
Et, pareil au torrent que la neige a gonflé,
Leur flot s'en va, leur flot à jamais écoulé !
Peuvent-ils surmonter le malheur qui les presse ?
Ah ! quel siècle connut une telle détresse ?
— Cent mille infortunés que pousse un sort fatal,
Pour chercher le salut quittent le sol natal,
Ce sol si beau jadis, ces collines prospères,
Ces bois et ces hameaux où reposent leurs pères.
— Bretagne ! pensaient-ils, tu nous tendras la main ;
Bretagne ! ô notre sœur ! — Et, le long du chemin,
Quelques braves à peine ont fait cause commune
Et partagé leur bonne ou mauvaise fortune.
Tremblante, la pitié se cache au fond des cœurs :
On aime les vaincus, mais on craint les vainqueurs,
Les vainqueurs harcelant la malheureuse Armée,
Cerf aux abois que presse une meute affamée.

Jamais vos ennemis n'avaient été si forts :
Faites donc, ô *Brigands !* de sublimes efforts !

Les Bleus dans Pontorson entravent leur passage ;
Ils passent sur les Bleus couchés dans le carnage,
Et Dol les a reçus. — Dol est hospitalier,
Les fatigues d'hier, ils vont les oublier ;
Un bienfaisant sommeil leur verse tous ses charmes.

La générale bat et l'on appelle aux armes :
— « Aux armes, Vendéens ! voilà nos ennemis ! »

Femmes, enfants, soldats, encor tout endormis,
De chaque seuil béant courent dans les ténèbres ;
Car jamais nuit d'hiver n'eut d'ombres plus funèbres.
La route de Dinan coupe Dol en deux parts,
C'est son unique rue, où les groupes épars,
Ainsi que des ruisseaux qui vont se perdre au fleuve,
Se jettent pour subir une dernière épreuve.
A la voix de Henri que chacun reconnaît
Le silence se fait ; du chaos l'ordre naît :
Tout ce qui ne peut pas aller à la bataille,
— Femmes, blessés, — se tient le long de la muraille.
Bagages, chariots, caissons, canons chargés,
Au centre de la rue en ligne sont rangés.
Entre eux et les maisons, sabre au poing, sur deux files,
Les cavaliers en selle attendent, immobiles,
Attendent qu'un signal vienne les avertir
Que les Bleus ont plié, qu'il est temps de partir.
Un vide reste encor, tant cette rue est large,
Où passent vingt tambours qui vont battant la charge,
Et semblent murmurer dans leurs accents de deuil :
« Soyez vainqueurs..., ou Dol sera votre cercueil ! »

Au sortir de la ville, où le choc se prépare,
En un double chemin le chemin se sépare ;

L'un vient de Pontorson, l'autre d'Antrain; par eux
Muller et Westermann, avant-garde des Bleus,
Arrivent, et Kléber et Marceau sont derrière,
Qui soutiendront l'attaque avec l'armée entière.

Celle des Vendéens à peine se plaçait
En ligne dans les champs, que le feu commençait.

Et tandis que là-bas la lutte furieuse
Retentissait, la rue était silencieuse.
— Là-bas, les cris aigus, les clairs hennissements;
Chants rauques des clairons, lugubres roulements,
Enivrantes odeurs du sang et de la poudre,
Obus luisant au ciel comme un rayon de foudre,
Ouvrant sur cette scène une courte clarté,
Qui rend bien plus obscure encor l'obscurité;
Et les canons grondant et la mousqueterie,
Et tout l'affreux concert d'une affreuse tûrie.
— Ici, morne stupeur : sur ce peuple entassé
On dirait que la mort aurait déjà passé!...
Une heure se consume — un siècle! — en cette attente.
Tout à coup une voix retentit éclatante :
« En avant, cavaliers! Vive, vive le Roi! »

Ce cri consolateur qui dissipe l'effroi,
Des femmes, des vieillards, des bouches enfantines,
Il s'échappe, ce cri, de cent mille poitrines!

Par ce hourra les bruits du combat sont couverts ;
Et les cavaliers crient, agitant dans les airs
Leurs sabres où la flamme allume une étincelle,
Et courent accabler l'ennemi qui chancelle.

La foule ranimée entend jusqu'au matin
Résonner le canon, de plus en plus lointain.

Voyant vers Pontorson Westermann en déroute,
Et que la droite encor se bat sur l'autre route,
Monsieur Henri s'y rend en hâte.

       Le soleil
Commence à rayonner sur l'horizon vermeil,
Et ce rayon glissant met comme un linceul rose
Sur les prés, les sillons qu'un flot de pourpre arrose.
Puis s'élève un brouillard si sombre, qu'à trois pas
Tout objet perd sa forme et l'œil ne l'atteint pas.
Dans ces voiles épais qu'épaissit la fumée,
Sans ralentir son feu disparaît chaque armée.

Les caissons vendéens s'épuisent cependant.
Vers Dol des cavaliers partent d'un vol ardent,
Pour aller prendre ceux dont la ville s'encombre.
Ce galop de chevaux qui s'avancent dans l'ombre
Trouble les paysans. — Les rôles sont changés
Sans doute et par les Bleus ils vont être chargés !... —

Et leur tête s'égare, ils fuient jetant leur arme.
Tenter un rallîment, c'est accroître l'alarme :
— Leurs chefs courent aussi ! — Nul de s'imaginer
Que ce n'est pas pour fuir, mais pour les ramener.

Henri qui se flattait déjà de la victoire,
Voit cette débandade et ne peut pas y croire.
Sur ses traits se répand une froide pâleur ;
Des pleurs que font couler la honte, la douleur,
Roulent sur son visage, et d'une main fébrile
Il rejette au fourreau son épée inutile ;
Sur une batterie il pousse son cheval,
Et là, les bras croisés, attend un coup fatal.

Mais la mitraille éclate, et sa tête sacrée
Que préserve le ciel n'est pas même effleurée.

Allard l'avait suivi. De terreur éperdu,
Allard le suppliait : — « Non, tout n'est pas perdu ;
Notre feu se soutient, lui dit-il, et personne,
Grâce au brouillard épais, chez les Bleus ne soupçonne
La fuite de nos gens ; nos gens vont revenir...
Puis est-ce donc ainsi qu'un brave doit finir ? »

Allard l'entraîne enfin ; ils courent dans la brume,
Se guidant sur les coups, sur la mèche qui fume :
— L'héroïque Talmont avec quatre cents gars,

Voilà le défenseur qui s'offre à leurs regards !

Dans le même moment, annonçant la défaite,
Les fuyards atteignaient la ville stupéfaite.
Un vertige insensé frappe tous les esprits :
Et les femmes poussant de pitoyables cris,
Et les enfants pleurant, les soldats, tout se rue
Vers Dinan : quel désordre affreux dans cette rue !
Les blessés veulent fuir et ne le peuvent pas,
Et piétons et chevaux les foulent sous leurs pas.
Au cœur des plus vaillants la peur se communique,
Et Stofflet est lui-même en proie à la panique !...
Mais la femme d'un chef * : — « Vous, Stofflet ! vous aussi !
Le major-général, ô honte ! fuir ainsi !... »
Stofflet sent la rougeur lui couvrir le visage :
Un instant assoupi, son austère courage
Se réveille ; il retourne et se joint sur le champ
A d'autres officiers, Marigny, d'Autichamp,
Qui faisaient près de là des efforts inutiles,
Frappant avec courroux les fuyards indociles
Du plat de leur épée, et criant et courant :
— Grain de sable qui cherche à barrer un torrent.

Des femmes les aidaient dans leur œuvre ; les femmes
Où l'homme est accablé sentent grandir leurs âmes :

---

* Mme de Donissan.

La veuve de Bonchamps comme un chef aguerri
Tente de réunir les gens de son mari ;
Une fille à cheval, dans une main les rênes
Et dans l'autre un fusil, crie : « Au feu, Vendéennes ! »

A force de répandre et partout et toujours
Que le combat n'a point cessé d'avoir son cours,
Les chefs ont obtenu ce résultat immense,
Que pour s'en assurer on écoute en silence.

Ils entendent au loin résonner le canon.

— « Abandonnerez-vous votre général ? »
                              — « Non ! »
Répondent les soldats, dont le cœur se ranime.
« Non ! non ! Vive à jamais le Généralissime ! »

Sur la route est un tertre, où s'élance un curé,
— Naguère ton pasteur, Sainte-Marie en Rhé [*]. —
Soldat de Jésus-Christ, sur la foule il soulève
Un large crucifix qu'il brandit comme un glaive,
Et de sa voix tonnante : — « O malheureux ! dit-il,
Croyez-vous par la fuite échapper au péril ?...
La fuite, c'est la mort !... Serez-vous donc infâmes
A ce point de livrer et vos fils et vos femmes

[*] L'abbé Doussin.

Aux couteaux ennemis?... Mes enfants! devant vous
Je marche croix en main; qu'ils tombent à genoux
Ceux en qui l'honneur parle assez pour les résoudre
A me suivre au combat, et je vais les absoudre.
Tués, ils s'en iront dans le saint paradis;
Les poltrons, au contraire... oh! moi, je leur prédis
Qu'ils seront massacrés par les Bleus, et leur âme
Brûlera dans l'enfer, l'enfer qui la réclame! » ,

Plus de deux mille fronts se courbent à la fois
Sous l'absolution qu'il donne à haute voix.
Dressant le crucifix, il marche et les exhorte :
— « Allons en paradis! » criait partout l'escorte.

Six heures ont passé depuis qu'ils sont partis :
Sont-ils victorieux? sont-ils anéantis?
Telle est la question, telle est le sombre doute
Qui tourmente le peuple arrêté sur la route.

— Sauvés! ils sont sauvés!... — De leur foi bien connu,
Apporté par la brise, un chant leur est venu;
Et leurs yeux attendris voient bientôt apparaître
L'Armée et les drapeaux, et devant eux le prêtre,
Le prêtre qui, toujours le crucifix en main,
Avait sur sa figure un éclat surhumain,
Le prêtre qui chantait l'hymne de gratitude,
Le *Vexilla Regis!*... Dans une humble attitude

Ils s'agenouillaient tous devant lui ; tous les cœurs
Adoraient cette croix qui les a faits vainqueurs,
Et tous ils s'embrassaient, comme sur le rivage
Des marins par miracle échappés au naufrage.

— Acharnés, les vaincus par le même chemin
Reviennent à la charge encor le lendemain ;
Ayant su, mais trop tard, les scènes de la veille,
Ils espèrent causer une terreur pareille.
Quinze heures, on canonne, on se sabre, on s'étreint,
Puis les Bleus lâchant pied se sauvent dans Antrain...
Et la royale Armée ? — Elle égorge ! elle égorge !
Du sang, partout du sang, chaque rue en regorge.
O hideuse moisson ! les gars ont sur le sol
Couché dix mille corps, depuis les murs de Dol !

VII

L'AGONIE

Un jour après ces jours de funèbre mémoire,
Pour remercier Dieu de leur double victoire,
Dans l'église, à Fougère, ils se pressent. — Hélas !
Cette cloche qui sonne, elle sonne leur glas !
Pourquoi ce *Te Deum* et cet encens qui fume ?

Prêtres ! chantez plutôt un chant plein d'amertume ;
Éteignez ces flambeaux, éteignez cet encens,
Revêtez-vous de noir, et que vos sourds accents,
Pour être avec les cœurs en parfaite harmonie,
Changent ce *Te Deum* en psaumes d'agonie !...

Eh ! s'aveugleraient-ils sur leur destin fatal ?
Ceux des leurs qu'ils avaient laissés dans l'hôpital,
— Blessés, femmes, enfants, — ces personnes sacrées
Par les Républicains ont été massacrées !
Et sur toute leur route ils verront comme ici
Que pour eux il n'est plus ni pitié ni merci :
Dans les villes, les bourgs, tout être charitable
Qui les avait cachés, fait asseoir à sa table,
Ou qui même avait plaint leur misérable sort,
L'ami, l'hôte, ont payé ce crime de leur mort.

Au retour cependant aucun Bleu ne s'oppose ;
La dernière défaite en est seule la cause.
Soupçonnant que ces murs allaient être assiégés,
L'ennemi concentrait ses forces dans Angers.

ANGERS

VIII

UN SECOND GRANVILLE

Par les gars en effet la place est investie.
Ils comptent qu'en pleins champs faisant une sortie,
Ses défenseurs viendront se battre à découvert ;
Ils les défont, alors le passage est ouvert.
Pendant qu'ils nourrissaient cette espérance folle,
La défense était forte et l'attaque était molle ;
Et les Républicains, qui savaient que les gars
Avaient su rarement emporter des remparts,
Prétendaient les lasser au siége de la ville.

Angers menace, hélas ! d'être un second Granville !

En vain les officiers sous des feux écrasants
Se portent à l'assaut ; en vain aux Paysans
La Rochejaquelein d'une voix sanglotante
Dit de tourner les yeux vers la ligne flottante
Du brumeux horizon, que la Vendée est là ;
Puis, leur montrant la ville : — « O mes amis, voilà
Comme vous remplissez la promesse jurée !
De murailles de fer dût-elle être entourée,

Vous l'emportiez d'abord ! Eh bien ! depuis deux jours
Vous êtes sous ces murs : la place tient toujours ! »

Rien ne peut réveiller cette armée, engourdie
Par la faim, par le froid et par la maladie ;
Et le siége est levé.

          Sous le ciel rigoureux,
Presque sans vêtements ils vont, les malheureux !
Loin du pays encor, n'implorant qu'une grâce :
C'est que de leurs tourments la mort les débarrasse.
Et d'Angers à la Flèche, et de la Flèche au Mans,
De leur passage il est de hideux monuments.
— La main du laboureur sur la couche tracée,
A l'automne répand la semence pressée :
Nombreux comme ces grains, les corps des paysans
Sur les chemins suivis sont demeurés gisants.

IX

UNE NUIT AU MANS

Le Mans aux fugitifs présente l'abondance :
Ils en usent sans frein, hélas ! et sans prudence ;
Ils puisent dans le vin l'oubli de tant de maux,

Et le vin a troublé leurs débiles cerveaux.
Le sommeil a fermé leur pesante paupière :
Ils dorment dans la rue, étendus sur la pierre,
Et tels que des moutons dans les herbes couchés,
Et qui ne songent point aux couteaux des bouchers.

L'ennemi, quand du jour s'affaiblit la lumière,
Attaque cependant la ville hospitalière.
Il faut lui résister par un immense effort :
La Rochejaquelein vient chercher du renfort ;
Il expose aux soldats combien le péril presse...
Sa prière est encor moins forte que l'ivresse.
Celui qui les sauva, pour la première fois
Trouve ses compagnons rebelles à sa voix ;
Et le noble jeune homme en conçoit tant d'alarmes,
Son cœur est si brisé, qu'il en verse des larmes ;
Son regard entrevoit un lugubre avenir :
La Grande-Armée, hélas ! est bien près de finir !

Ah ! qui peindra jamais le spectacle terrible,
Le drame qui se joue en cette nuit horrible ?
— Les canons allumant de livides éclairs,
La grêle de boulets qui sillonnent les airs,
Leur fracas surpassant le fracas de la foudre,
Et les coups de fusils, et les flots de la poudre,
Et le fer qui reluit et qui choque le fer ;
— La clameur effroyable et digne de l'enfer

Qui roule sous la nue, et jusqu'en ses entrailles
Ébranle la cité, fait trembler ses murailles :
Cris des soldats vainqueurs, cris des soldats mourants
Qu'ont atteints de l'obus les éclats dévorants ;
Faibles plaintes aussi par les vieillards poussées,
Qui périront avant de les voir exaucées ;
Cris des mères surtout, qui donnent le frisson,
Lorsqu'un tigre, arrachant du sein leur nourrisson,
Suspend comme un trophée, — exécrable torture ! —
Au bout de son fusil la chère créature...
Des chevaux étouffés bonds et rugissements,
Et des bœufs renversés rauques mugissements,
Des bœufs qui, secouant leur corne redoutable,
Ruaient pour échapper au chaos indomptable.
Mais ces chars où leurs fronts traînèrent les blessés,
Les tiennent par le joug pêle-mêle entassés,
Au milieu des caissons, des fusils, des épées,
Qui baignent dans la boue et dans le sang trempées ;
Car du flanc entr'ouvert des morts et des mourants
Le sang jaillit, bouillonne et coule par torrents.

Malheureux Vendéens ! ils sont là quinze mille !...
— Et voilà tes exploits, ô discorde civile !

Ceux dont les yeux sont clos par la main du trépas,
Les justes endormis, oh ! ne les pleurons pas :
Leurs lèvres du calice ont épuisé la lie ;

Par l'Ange du Seigneur leur âme recueillie,
Du cadavre étendu mutilé sur le sol,
Vers l'éternel repos a dirigé son vol.
Oh! ne les pleurons pas, leur angoisse est finie.
Plaignons ceux-là qui sont encore à l'agonie,
Plaignons les survivants, plaignons les naufragés,
Dans un gouffre sans bords tourmentés et plongés.
Ils n'éviteront point les coups de la tempête
Dont la fureur s'amasse et menace leur tête ;
Ceux qu'épargne le Mans, un aussi noir écueil
Les attend : — Savenay ! tu seras leur cercueil ! —

Les *Brigands* vers Laval, dont ils couvrent la route,
Dans l'ombre de la nuit s'entassent en déroute :
Stofflet et Marigny, Talmont et Donissan,
Font pour mettre un peu d'ordre un effort impuissant.
Comme une onde échappée au lit qui la captive,
Par les champs se répand la masse fugitive.
La Rochejaquelein, en voyant tout perdu,
S'y confond à la fin, de douleur éperdu :
Il voudrait être mort ! — Madame de Lescure,
A qui le ciel impose une épreuve si dure,
Périrait volontiers sous ce flot étouffant,
Mais elle doit sauver les jours de son enfant.
Et Forestier blessé, — quelle âme est plus humaine ? —
Sur son cheval blessé, que par la bride il mène,
Place une pauvre mère étreignant sur son cœur
Deux êtres qu'il soustrait au glaive du vainqueur.

X

RETOUR A LA LOIRE

Quel refuge chercher? — Le sort qui les accable,
De sa verge d'airain, de sa verge implacable,
Où qu'ils traînent leurs pieds, doit les frapper, hélas !
Ne vaudrait-il pas mieux, nus, affamés et las,
Se couchant sur la terre, et sous l'eau qui les glace,
Attendre en paix la mort acharnée à leur trace?...
Mais non, l'aiguille au nord se tourne incessamment,
Et leur cœur à la Loire. — O divin sentiment,
Qui subsiste et fleurit sous de telles ruines,
Et les pousse toujours aux natales collines !
Aux os de leurs parents s'ils unissent leurs os,
La fin sera plus douce et plus doux le repos !

Aussi la multitude en marche s'est remise :
Ils toucheront bientôt à leur terre promise.

Dans le bourg de Saint-Mars, passant près du château,
Sous les joncs de l'étang on découvre un bateau.
Monsieur Henri le montre aux gars, et l'on s'arrête,
Et le bateau les suit qu'emporte une charrette.

Le jour en se levant, le jour terne, effacé,
Trouve dans Ancenis tout ce peuple amassé,
Qui s'élance à la grève et qui pleure de joie :
— La Loire !... la Vendée à leurs yeux se déploie !...

Leur chef l'a bien prévu : nul moyen de transport,
Nulle barque ne flotte amarrée à ce bord ;
Les Bleus, pour s'opposer à toute tentative,
Avaient tout écarté. — Pourtant, sur l'autre rive
Sont quatre grands bateaux qu'on a chargés de foin.
Il ne veut confier qu'à lui-même le soin
De ce coup dont dépend le sort de tant de monde :
— Il atteint les bateaux, jette leur charge à l'onde,
Veille au débarquement, et tâche d'empêcher
Une désertion pour revoir le clocher.

Henri, Stofflet, Baugé, dans la nacelle étroite
Ont pris place ; avec eux quittent la rive droite
Langerie et dix-huit soldats, en un bateau
Qu'ils avaient découvert et traîné jusqu'à l'eau.

Le courant est rapide et houleux, et balance
Ces esquifs, où tant d'yeux s'attachent en silence.

Cependant mille bras transportent des fardeaux :
Planches, tonneaux, longs bois, qu'on dispose en radeaux.
— Pas de Républicains ! pas d'obstacles ! victoire !

Les chefs et les soldats ont traversé la Loire!
Quelques radeaux sont prêts, on peut s'y hasarder;
Cher pays! on va donc enfin te posséder!...

— Quel est ce bruit, là-bas? Des coups de feu? des troupes?
Que viennent-elles faire ici ces deux chaloupes?...

O misère inouïe! ô détresse sans nom!
Les radeaux sont brisés, coulés par le canon...
Fuyant dans Ancenis, de son chef séparée,
La foule se disperse en tous lieux, effarée,
Car Westermann accourt : à ses cris elle sent
Qu'ayant jeûné, le tigre est altéré de sang!

XI

LE SUPRÊME COMBAT

Dix mille pauvres gens qui n'ont pas pris la fuite,
Cadavre de l'Armée, errent sous la conduite
Du brave Fleuriot, qui remplace Henri,
Henri sur l'autre bord sans doute ayant péri.
Et puis vers Savenay, dont ils ferment les portes,
Ils laissent avancer les terribles cohortes,
Noires bandes de loups, de chacals, de corbeaux,

Qui veulent dévorer jusqu'aux derniers lambeaux.
Marigny court partout pour échauffer les âmes.
Au chemin de Guérande il rassemble les femmes ;
Pour protéger leur fuite il met là deux canons,
Et s'élance des murs avec ses compagnons.
Trois fois ce vaillant homme, à la géante taille,
Le drapeau blanc en main, plonge dans la bataille.
La rage fait couler des larmes de ses yeux.

Se verra-t-il jamais un choc si furieux ?
Les gars, pour vivre encor leur vie infortunée,
Retrouvent en eux-même une ardeur effrénée.
Les uns pour s'accrocher sur le gouffre béant,
Les autres pour lancer leur victime au néant,
Déploient tant de vigueur, que toute une journée
La lutte se prolonge... Hélas! la destinée
Penche aux Républicains : — Lyrot est mort; Piron,
Le célèbre vainqueur de Santerre, à Coron,
Tombe avec son cheval que le sabre mutile.
Résister plus longtemps devenait inutile,
Et Marigny revient, et, tremblant de courroux :

— « Femmes! tout est perdu! Sauvez-vous! sauvez-vous! »

Les bouchers à présent vont avec énergie
Se ruer au travail par la ville rougie :
Dans le sein des vieillards, des mères, des enfants,

Leurs couteaux vont fouiller, leurs couteaux triomphants ;
Puis, quand cette besogne atroce sera faite,
Vous pourrez, ô vainqueurs ! hurler des chants de fête !
Car tout est consommé par ce jour trois fois beau
Où la royale Armée entre dans son tombeau !...

XII

UN REFUGE

Il est près de Cholet une forêt profonde.
Ses arbres dénudés où le vent d'hiver gronde
Dressent sinistrement leurs gigantesques bras,
Sans cesse entrechoqués sous le ciel gris et bas.
Rien d'humain ne se mêle aux bruits de la nature,
Et, seule, une corneille, oiseau de triste augure,
Au bout d'un peuplier de moment en moment
Prédit quelque malheur par son croassement.

La forêt de Vezins s'étend donc solitaire,
Et, comme d'un manteau, s'entoure de mystère.

Un paysan, — le jour avait à peine lui, —
Regarde, avant d'entrer, longtemps autour de lui,
Et, s'étant assuré qu'il n'est vu d'aucun être,

Il franchit la lisière et dans le bois pénètre.
Du pas rapide et sûr d'un chevreuil familier,
Il serpente à travers l'épaisseur du hallier.
Feuilles et rameaux crient sous son pied qui se presse,
Et la forêt devient de plus en plus épaisse.
Mais voici qu'il entonne un air tout en marchant,
Et qu'une voix répond par un semblable chant.
Au but qu'elle cherchait sa course est parvenue :
Devant lui tout à coup une longue avenue
S'ouvre, et sur chaque bord des huttes en rameaux
Vont s'adossant aux troncs des chênes, des ormeaux.
En voyant ce *refuge* on dirait un village;
Tout un peuple est caché sous ces toits de branchage.

Celui d'entre eux vers qui le paysan se rend
N'offre point dans sa forme un aspect différent :
Ainsi qu'aux autres seuils la porte en est fermée.
D'une trouée en haut un ruban de fumée
Sort, et, dans le milieu de l'étroite maison,
Quatre hommes sont assis à l'entour d'un tison,
Qu'ils ne raniment plus, quoique le froid sévisse,
De peur que la fumée au loin ne les trahisse.
Sabres et pistolets aux parois sont pendus;
Dans les coins, des manteaux sur le sol étendus
Couvrent des lits de mousse et de feuilles séchées.

Ces hommes dont les mains vers l'âtre sont penchées,

Sous ce toit fraternel ces hommes réunis,
Ce sont les quatre chefs perdus dans Ancenis.

Après avoir erré pendant une semaine,
Et souffert tous les maux de la souffrance humaine,
Monsieur Henri, Stofflet, Langerie et Baugé,
A ce bois que les Bleus n'avaient pas saccagé
Demandèrent asile, avec la brave escorte
Qui leur avait prêté dès le début main-forte.

Quels coups ces partisans frappent depuis un mois !
Que de détachements, de postes, de convois,
Enlevés, massacrés, pillés, sans que l'on sache
Ni quel est l'assaillant, ni le lieu qui le cache !
La Rochejaquelein, de regrets dévoré,
Depuis que de l'Armée il s'est vu séparé,
Dans les plus grands périls se plonge avec furie.
Tels étaient les exploits de sa bande aguerrie,
Que les Républicains s'effrayaient, et pensaient
Que de leurs ossements les *Brigands* renaissaient !

— Quel moyen d'en finir avec cette Vendée ?... —

C'est alors qu'il leur vint une exécrable idée.
Mais pour être accomplie elle exige un bourreau :
A Marceau, cœur trop noble, a succédé Turreau,

Qui divise une armée en douze parts égales,
Colonnes qu'il flétrit du surnom d'*infernales*,
Et coupe la contrée en douze régions.
Autant de généraux, avec ces légions
Que n'embarrassent point les canons, les bagages,
S'y précipitent.

        — Non, jamais bêtes sauvages
N'étalèrent au jour pareille cruauté :
Le regard qui la sonde en est épouvanté.

Comme ils remplissent bien le mandat qu'on leur donne !
— « Ravagez, et brûlez, et n'épargnez personne ! »
Et, chaumières, moulins, fours, villages, hameaux,
N'ont-ils pas tout détruit ?... Deux cent mille animaux
N'ont-ils pas sous le feu péri dans les étables,
Le feu qui dévorait, — trésors incalculables ! —
Dans la grange le foin, le blé dans le grenier ?...
Et les êtres vivants ?... Oh ! l'on voudrait nier,
Pour l'honneur des Français, les tortures atroces
Que leur ont fait subir ces généraux féroces :
Grignon par une jambe aime à prendre un enfant,
Et, tel qu'un jeune agneau, son sabre en deux le fend !
Commaire dans ce jeu trouve tant de délice,
Qu'il fait par ses soldats pratiquer ce supplice.
Que dire de Huchet, de Cordelier, d'Amey ?

Amey, lorsqu'en un four par son ordre allumé
Brûle avec ses enfants une mère..., l'infâme,
Les entendant hurler, rit de joie et se pâme !...
Ils ont tout égorgé, tout, sans exception
Pour ceux qui professaient leur propre opinion.

Les vengeurs ont si vite opéré dans leur sphère,
Qu'il ne leur reste, hélas ! presque plus rien à faire !

C'était sur ces horreurs que roulaient les récits
De ces quatre officiers dans la cabane assis.
De rage ils bondissaient ; leurs yeux, remplis de larmes,
Farouches se levaient et regardaient leurs armes,
Et leurs doigts se crispaient, et leur cœur frémissant
Soulevait leur poitrine et demandait du sang,
Et qu'une occasion leur fût bientôt offerte.

Alors le paysan frappait.

      La porte ouverte,
Il appelle à l'écart pour lui glisser un mot
Henri, qui l'entendant se retourne, et tout haut :
— « Partons, Messieurs, partons en hâte ; une colonne,
Celle qui près de nous, dans Cholet, se cantonne,
Pour y mettre le feu s'avance sur Nuaillé ! »

La troupe en s'élançant de son bois effeuillé

Vit bien que la colonne était déjà rendue,
Car la flamme brillait sur les toits étendue.

Par eux en un clin d'œil le village est atteint,
Et les Bleus sont chassés et l'incendie éteint.

Dans un champ de froment dont la route est bordée,
Perdus par la colonne errante et débandée,
Deux grenadiers cherchaient à s'enfuir; mais les gars
Fondent pour les tuer, fondent de toutes parts.

La Rochejaquelein s'interpose et s'écrie :
« Laissez-moi leur parler ! »

       Vainement on le prie
De ne pas approcher. Il leur dit : « Rendez-vous,
Je fais grâce !... »

     L'un d'eux se jette à ses genoux,
Qui vient de remarquer le nom que l'on prononce.

— « Rendez-vous, je fais grâce! »

        Et pour toute réponse,
Il offre son fusil au général, qui tend
La main vers le canon : le coup part à l'instant,
Et la balle entre au front, et le jeune homme tombe !...

On sabre l'assassin, puis on creuse une tombe
— Car des Bleus accouraient, — où les gars sanglotants
Couchent le meurtrier et le chef de vingt ans.

Ah ! le moment cruel, lorsque la fosse noire
Enserre côte à côte et le crime et la gloire !
Ils ne verront donc plus ce visage chéri !...

O pauvres Vendéens ! pauvre Monsieur Henri !

ANGÉLIQUE DES MELLIERS

ANGÉLIQUE DES MELLIERS

DÉCEMBRE 1793

I

u Mans où tant de morts rougissent les pavés,
Vers Laval les *Brigands* la nuit se sont sauvés.
Un corps de grenadiers sur leur trace s'avance.
L'effroi les accompagne et l'effroi les devance ;
Au seul bruit de leurs pas tout fuit épouvanté...
Le groupe de soldats s'est bientôt arrêté :

La lune en cet instant qui se dévoile et brille,
Darde un pâle rayon sur une jeune fille.
A genoux dans la fange et les mains vers les cieux,
Elle verse à leurs pieds des pleurs silencieux ;
Elle s'est résignée à leur donner sa vie,
Mais que la pureté ne lui soit pas ravie !
Sa robe de candeur, oh ! qu'ils n'y touchent pas,
Et que la vierge soit vierge jusqu'au trépas !

Sa prière volait vers le ciel élancée.
Par la sainte Madone elle fut exaucée,
Et ceux qui pouvaient être, hélas ! ses oppresseurs,
Songèrent qu'ils avaient des mères et des sœurs :
Les sabres dégouttants qu'ils levaient sur sa tête
Tombèrent, abaissés par une main secrète ;
Plusieurs sentaient monter des pleurs qu'ils dévoraient,
Et d'autres, contemplant la vierge, l'admiraient.

Sur les cœurs les plus durs, ô sublime puissance
Qu'exercent la pudeur et la douce innocence !

L'enfant penchait son cou par l'angoisse abattu,
Et le fer tardait trop au gré de sa vertu.

Une même pensée, un accord unanime
Dans l'âme des soldats se forme et les anime.
Quelques mots à voix basse entre eux sont échangés ;

Ils se sont tour à tour des yeux interrogés,
Et l'un d'eux, s'efforçant de rendre caressante
Sa parole toujours rude et retentissante :
— « Levez-vous, lui dit-il, et ne nous craignez pas ;
Levez-vous : dans le Mans nous conduisons vos pas. »

A cet ordre aussitôt la jeune prisonnière
Obéit tout émue ; une affreuse lumière
Traverse son esprit : — Quel serait leur dessein ?
Qui les fait hésiter à lui percer le sein ?
Leur chef, sans doute en proie à de honteuses flammes,
Veut la soumettre au joug de ses désirs infâmes,
Et, comme on jette au vent un beau lis effeuillé,
Il brisera son corps quand il l'aura souillé !...

Les soldats soutenaient sa démarche timide
Et son pied, que faisait glisser le sol humide
Et que l'horreur rendait encor plus défaillant :
Il rencontrait sans cesse un cadavre roulant !...
Jamais son œil ne vit une scène pareille ;
Jamais bruit si navrant ne frappa son oreille ;
Et le massacre enfin à ce point est monté
Où Dieu ne permet pas qu'il soit plus loin porté !...
Or les Républicains ont conduit leur captive
Devant un général qu'une garde attentive
Entoure. — Il leur disait, se levant fièrement,
D'une voix qu'on sentait faite au commandement :

« Le sang a trop coulé ; je le veux, je l'ordonne,
Aux derniers Vendéens que le vainqueur pardonne !
Eh ! ne sont-ils donc pas comme nous des Français ?...
Non ! ne flétrissons pas plus longtemps ce succès.
Que partout du tambour le son se fasse entendre,
Comme si l'ennemi revenait nous surprendre,
Et que la générale appelle à leurs drapeaux
Les soldats, qui devront y rester en repos ! »

Le guerrier généreux qui parle est un jeune homme
Dont le nom fait briller les yeux de qui le nomme ;
La gloire dès vingt ans l'a marqué de son sceau :
Le cœur et les talents, rien ne manque à Marceau.

L'escorte cependant vers lui s'est avancée,
Et Marceau, comprenant leur humaine pensée :
— « Honneur, honneur à vous, mes grenadiers d'Aunis !
Cette conduite est noble ! Ah ! soyez-en bénis ! »

— Le patient qu'on voue à des tourments atroces
Est lancé dans la fosse où les bêtes féroces
Rugissent, le crin droit, l'œil sanglant, dilaté,
Attendant qu'à leur faim un homme soit jeté.
Son âme frémissante est de terreur si pleine,
Qu'il baisse sa paupière et qu'il n'a plus d'haleine :
Il ne veut pas, du moins, voir les lions ardents
Sur ses membres porter leurs griffes et leurs dents.

De seconde en seconde il languit dans l'attente...
Mais nulle dent ne touche à sa chair palpitante.
Sur ses fauves bourreaux il hasarde un regard;
Ce regard à l'instant cesse d'être hagard :
Poussant des cris plaintifs, se traînant sur l'arène,
Les lions prosternaient leur tête souveraine,
Et leurs yeux, déposant toute férocité,
Disaient : « Tu trouveras ici l'humanité! »

Et la captive ainsi, pâlissante, accablée,
Priait, en attendant qu'elle fût immolée,
Priait Dieu d'écarter loin d'elle tout affront.
La voix du général lui fait lever le front.
A peine elle aperçoit ce mâle et doux visage,
Comme au soleil de mai s'évapore un nuage,
Son effroi se dissipe et son cœur rassuré
Se relève sans crainte à ce rayon doré.

Au foyer du bivouac dont s'abaissait la flamme
Les gardes ont jeté l'aliment qu'il réclame;
Chacun hors de la voix porte son pas discret,
Pour qu'ils puissent tous deux se parler en secret.

Et le jeune héros à la vierge modeste :
— « Vous n'avez plus de maux à craindre, je l'atteste;
Pour protéger vos jours je suis fort, Dieu merci !
Et plus fier maintenant d'être le maître ici.

En quel lieu voulez-vous sur l'heure être conduite ? »

— « A Laval, où l'Armée a dirigé sa fuite. »

— « A Laval ? il sera fait selon votre gré,
Et c'est moi, c'est moi seul qui vous y conduirai ;
Kléber à mon défaut veillera dans ma tente.
Je tiens votre salut pour affaire importante
Et qu'il ne faut remettre en aucune autre main.
Eh ! qui sait le péril que garde le chemin ?
C'est là, pour éviter un plus affreux carnage,
Que j'ai de Westermann poussé la folle rage ;
Des Vendéens celui qui se dit *le boucher*
A des guides obscurs pourrait vous arracher ! »

II

Deux chevaux emportaient à travers la campagne
Et le libérateur et sa jeune compagne.
On n'entendit longtemps que l'écho de leurs pas :
Les cavaliers songeaient et ne se parlaient pas.

Le matin approchait. La bise sur la plaine

Augmentait la rigueur de sa piquante haleine,
Et les troncs effeuillés gémissaient tristement.

Marceau s'est dépouillé soudain du vêtement
Dont les plis préservaient son corps de la froidure.
Ce tourment, il le voit, sa compagne l'endure ;
Son épaule frissonne : il la couvre aussitôt,
Comme un père attentif, de son ample manteau.

La confiance amène entre eux la causerie.
L'œil tout baigné de pleurs, la parole attendrie,
A son jeune sauveur elle dit tour à tour
Et son nom, et le lieu qui lui donna le jour,
Et sa mère et sa sœur, et leur rude souffrance :
— Elles n'ont pas voulu quitter le sol de France ;
A l'ombre des drapeaux qu'aime la Royauté,
Parmi les Vendéens leur front s'est abrité.
Elles les ont suivis de victoire en victoire,
Et, partageant leurs maux, ont traversé la Loire.
Elles fuyaient ensemble, hélas ! sur ce chemin,
Dans cette nuit funeste, en se donnant la main,
Lorsqu'aux pas des vainqueurs la foule épouvantée
Se dispersant, l'avait loin des siens rejetée !... —

Ainsi que le parfum d'une douce liqueur,
Le héros savourait ces accents dans son cœur.
Ses pensers se teignaient d'une couleur nouvelle,

Il oubliait les camps, il ne voyait plus qu'*Elle*,
Et son esprit flottait par l'espoir exalté.
Il répétait son nom aux anges emprunté;
Sans cesse il contemplait sa face virginale,
Que venait éclairer la lueur matinale,
Par les veilles ses traits fatigués et pâlis,
Où les roses avaient disparu sous les lis,
Et cet air de bonté, cet air mélancolique,
Tel qu'un nimbe, brillant sur le front d'Angélique,
Et des grâces du corps cet ensemble ingénu...
Puis Marceau tressaillait d'un bonheur inconnu!

III

Ils cherchent dans Laval et la sœur et la mère.

La pauvre enfant pleurait en sa tristesse amère,
Invoquant le secours du Seigneur trois fois saint,
Car un cruel soupçon faisait battre son sein.
Sous ce poids accablant sa jeunesse s'incline :
— Hélas! à dix-huit ans serait-elle orpheline?
Les jours de tous les siens seraient-ils révolus?... —
Nul ne lui pouvait dire : « Ils sont ou ne sont plus! »

Non moins qu'elle, Marceau saignait de sa blessure.

LAVAL

Il sait une maison dont une amitié sûre
Leur ouvrira le seuil, où l'hospitalité
Sans peur saura tenir un trésor abrité.
A ce toit protecteur il confie Angélique,
Et lui fait ses adieux, disant : « La République
Contre les étrangers de ses fils a besoin.
Sans doute à la frontière, — et l'heure n'est pas loin, —
Elle va m'appeler à montrer mon courage.
Je vous laisse en ces lieux où gronde encor l'orage.
Si mon zèle vous plaît au point de l'approuver,
Confiez-moi toujours le soin de vous sauver :
Si votre liberté vous est jamais ravie,
Et qu'on veuille attenter à votre noble vie,
Ah ! puissé-je du moins conserver cet espoir
Qu'un appel, un seul mot m'apprendra mon devoir ;
Et si je tiens encore en mes mains la puissance,
Je la déploîrai toute à couvrir l'innocence ! »

Rougissant, Angélique à son vœu consentit.

Et le libérateur vers Le Mans repartit,
Dans son âme emportant une chère pensée,
Comme dans un écrin une perle enchâssée,
Repassant cette nuit pas à pas, se disant
Que la vie est bien belle et riante à présent !

IV

Pour elle, à ce foyer les heures, les journées
Se suivaient sans secousse, entre elles enchaînées.
— Contre les vents l'arbuste a trouvé son support;
L'esquif contre les flots, le refuge du port.
Dans l'éther se berçait la colombe timide;
La nue éclate! où donc porter son aile humide?
Son cou, son blanc plumage, où vont-ils s'essuyer?
Ses pieds roses, où donc pourraient-ils s'appuyer?
Le temps presse, voici que l'éclair se déchaîne...
Mais à l'oiseau perdu s'offre le front d'un chêne :
L'arbre lui tend ses bras et ses rameaux épais ;
Un nid de mousse est là, pour le cacher en paix,
Où son vol attendra que la tourmente passe,
Et qu'un ciel tout d'azur réjouisse l'espace !

Autour de cette enfant qu'éprouvait le malheur,
Ses hôtes attendris, comme autour de la leur,
Avaient mis tant de soins, tant de sollicitude,
Que la chérir pour eux n'était plus une étude ;
Ils oubliaient la guerre, ils oubliaient Marceau,
Et chez eux ils croyaient l'avoir eue au berceau.

Angélique rendait caresse pour caresse ;
Mais du cœur maternel où trouver la tendresse ?
Et souvent : — « Seriez-vous victimes du trépas ?
O ma mère ! ô ma sœur ! ne reviendrez-vous pas ?... »

V

La jeune fille un jour franchit, seule et furtive,
Le seuil où son salut la retenait captive,
Et qu'habitait encor le sommeil matinal.
Elle s'est fait conduire au sombre tribunal
Où se tiennent, depuis l'aube jusqu'aux ténèbres,
De juges sans pardon les assises funèbres.

Elle s'avance et dit : « Vous avez décrété
Qu'un citoyen sera dans les prisons jeté,
Et de là marchera vers le fatal supplice,
Si des amis des rois il se fait le complice ;
Du peuple souverain si le riche ennemi
A vécu sous son toit, sous son toit a dormi.
Moi, j'étais sans foyer, sans amis, sans famille,
Et des chrétiens m'ont dit : Vous serez notre fille !
J'ai tremblé que pour moi ne fût versé leur sang,
Et je viens me livrer au lieu de l'innocent.
Ajoutez, ajoutez un nom à votre liste :

Je suis aristocrate et je suis royaliste !...
Cependant, au péril quand j'allais succomber,
Un soldat glorieux a su m'y dérober ;
C'est un républicain que le monde renomme,
Un général célèbre, — et pourtant un jeune homme ;
C'est Marceau ! c'est Marceau dont j'ai reçu l'appui,
Et que j'ose à mon aide invoquer aujourd'hui ! »

Elle a dit. Confiante, elle attend en silence
L'effet de ce grand nom jeté dans la balance ;
Mais le plateau serait encor plus entraîné
Par le duvet sans poids dans les airs promené.

Sur les pas d'Angélique on ferme la demeure
Où tant de condamnés soupirent après l'heure.

VI

Or du jeune héros, la frontière en ce temps
Proclamait la vaillance et les faits éclatants,
Et chaque jour sur lui jetait un nouveau lustre.
Nul n'était plus aimé, nul n'était plus illustre ;
Marceau par l'ennemi lui-même était vanté :
Les deux camps célébraient sa magnanimité.

Soudain de ses exploits il a quitté la scène,
Et de la Sambre il vole aux rives de la Seine.

Pour prix de ses travaux nombreux, il veut avoir
La liberté d'un être : il l'obtient du Pouvoir.

Les chevaux sont trop lents !... Comme les hirondelles,
Pour dévorer l'espace, ah ! que n'a-t-il des ailes !
Mais non, l'oiseau languit et se traîne dans l'air ;
Pour le porter au but, trop lent serait l'éclair !

Et puis il se prenait à songer. Sa pensée
Voguait vers l'avenir mollement balancée :
— « Oh ! fleurisse la paix, murmurait-il tout bas,
La paix où les amours succèdent aux combats !
De gloire ma jeunesse, il est vrai, se décore ;
Mais si j'en ai beaucoup, j'en aurai plus encore :
Il faut que sur mon front brillent tant de lauriers,
Que Marceau soit l'égal des plus fameux guerriers !
Alors j'apporterai ma moisson en hommage
A celle dont mon cœur nourrit partout l'image,
Et qui semble toujours me dire : Élève-toi !
Sois digne de la France et sois digne de moi !
A la vierge adorable et par Dieu réservée,
Qui deux fois de la mort sera par moi sauvée !... »

Puis en rêve il voyait sur le vague horizon

Se dessiner le toit d'une blanche maison
Qui se mirait dans l'onde; une large prairie
Étendait à ses pieds sa verdure fleurie.
Nul bruit, rien n'y troublait le concert des oiseaux,
Nul bruit, hors le murmure et des bois et des eaux.
O retraite des champs, douce et mystérieuse !
Coin de terre où s'abrite une fleur gracieuse,
— Une divine épouse, — et qu'embaume un jardin,
Et que de blonds enfants égaîront... Mais soudain
Son visage pâlit et son œil devient sombre :
Laval est devant lui qui monte à travers l'ombre.

Il en franchit les murs, il court à la prison :
Elle est déserte !... Il sent chanceler sa raison !

La guillotine était sur la place dressée.
La foule se ruait à l'entour empressée,
Et par ses longs cheveux le bourreau suspendait
Une tête, et le sang à flots noirs s'épandait;
Puis mille voix criaient : « *Vive la République !* »

Et Marceau reconnut la tête d'Angélique !

MAITRE ET SERVITEUR

MAITRE ET SERVITEUR

JANVIER 1794

I

ans un étroit sentier deux paysans bretons
Cheminent, appuyant leurs mains sur des bâtons.
La bise de janvier qui souffle à toute haleine
Agite leurs cheveux sous leurs bonnets de laine :
Noirs sur le cou de l'un, ceux de l'autre sont blancs ;
Si l'un est jeune, l'autre accuse soixante ans.

Ils arrêtent leurs pas que la fatigue enchaîne,
Et puis sur un talus, muets, au pied d'un chêne
Ils s'asseyent. — Le vent dans l'arbre et le buisson
Incessamment élève un lamentable son.
De ce lieu, qui domine une large vallée,
La campagne apparaît austère, désolée :
Les branches et les toits de neige sont couverts ;
La neige par endroits argente les prés verts
Et le creux des sillons dont elle suit la ligne,
De son duvet plus pur que le duvet d'un cygne.
Une ville s'étend là-bas sur le coteau,
Que couronnent les tours d'un féodal château,
Et l'église gothique et ses flèches légères.

Or les deux paysans, leurs regards vers Fougères,
Qui s'estompe déjà sous les vapeurs du soir,
Se mettent à manger un morceau de pain noir,
A manger comme gens qui souffrent d'un long jeûne.

Vers le vieillard alors se tournant, le plus jeune :
— « Mon pauvre Matelinn, tu dois être bien las
D'avoir par tous les temps, — neige, pluie ou verglas, —
Depuis un mois bientôt, erré nuits et journées ?...
Ce fardeau s'ajoutant au fardeau des années,
C'est trop lourd et trop dur à porter, n'est-ce pas ?
Pourquoi t'ai-je laissé me suivre pas à pas ?
Je m'en veux : je devais épargner ta faiblesse ! »

FOUGÈRES

FOUGERES

— « Monseigneur, il est vrai, j'arrive à la vieillesse ;
Pourtant, rassurez-vous : si j'ai des cheveux blancs,
Mon corps est vigoureux presque comme à trente ans.
Marchez, marchez toujours, et je vous accompagne,
Ainsi que je l'ai fait à travers la Bretagne.
Moi, vous abandonner, Monseigneur ?... Mais mon sort
Se confond dans le vôtre, à la vie, à la mort !
Voyez comme ce lierre à ce chêne s'attache,
Pour vivre ou pour périr avec lui sous la hache.
Vous, vous êtes le chêne, et le lierre, c'est moi,
Moi qui m'attache à vous et qui n'ai qu'une loi :
Vous aimer, vous servir. Depuis votre naissance,
Je le fais par devoir et par reconnaissance :
Vos aïeux n'ont-ils pas toujours été pour nous,
Serviteurs nés chez eux, les maîtres les plus doux ?...
Il est de ces bienfaits que jamais l'on n'oublie !
— Je vois, et par le mal et par l'âge affaiblie,
Ma pauvre vieille mère, hélas ! qui va mourir.
Eh bien ! pour la soigner, pour l'aider à souffrir,
Et pour me consoler dans ma douleur amère,
Qui veille à son chevet ?... C'est votre sainte mère ! »

Matelinn qui se tait, l'œil en pleurs, sanglotant,
Met sa main dans la main que le jeune homme tend.
A cette étreinte ardente, oh ! qui pourrait connaître
Que ces deux hommes sont et serviteur et maître ?

— « Si jamais nous rentrons au château de Laval,
Je paîrai, Matelinn, ce dévoûment loyal
Dont chaque heure m'apporte une nouvelle preuve,
Cœur bon dans la fortune et cœur grand dans l'épreuve !...
Mais en des temps meilleurs mettrons-nous notre espoir ? »

— « Espérons, Monseigneur ! »

— « Le ciel se fait plus noir ;
Lorsque nous l'atteindrons, la ville sera sombre ;
Tâchons d'y pénétrer à la faveur de l'ombre. »

Voilà, pour accomplir leur dessein hasardeux,
A pas de loups voilà qu'ils marchent tous les deux.

O ciel ! sous les rameaux que la bise dépouille,
Que voient-ils ? Des soldats !...

Le chef de la patrouille :
— « Citoyens ! vos papiers ? »

— « En avons-nous besoin ?
Nous sommes du pays, nous n'habitons pas loin, »
Dit en se redressant Matelinn d'un ton ferme.
« Tenez ! suivez mon doigt : voyez-vous cette ferme,
Parmi ce bois taillis ? C'est là que nous restons.
Nous sommes braves gens, citoyens ! et Bretons. »

— « Mais pourquoi courez-vous ainsi par la campagne ? »

— « Ce jeune homme est mon fils qu'en ville j'accompagne
Auprès du médecin. Le malheureux garçon,
La fièvre le dévore, il est faible ! et... »

— « Chanson !
Chanson que tout cela ! Tu forges une histoire.
Je ne suis pas chargé de l'interrogatoire,
Un autre va le faire ; on m'a trompé souvent,
Je ne vous lâche pas. Allons ! marchez devant ! »

II

Or chacun d'accourir sur le pas de sa porte,
Pour regarder de près les captifs et l'escorte.
Nul ne reconnaissait, dans le premier moment,
Celui qui se cachait sous ce déguisement.
Bientôt dans tous les yeux éclate la surprise ;
La bouche qui voudrait parler, on la maîtrise.
Enfin au corps de garde on les avait menés,
Et par le chef du poste étant questionnés,
A répondre ils déploient une si grande adresse,
Qu'on va les renvoyer...

O parole traîtresse !
— « Le prince de Talmont ! C'est bien lui, sur ma foi ! »
Crie une jeune fille en la foule.

Pourquoi
N'as-tu pas retenu ta langue de vipère?
Cet homme que tu vends, il a sauvé ton père[*] !
Lorsque les Vendéens allaient le massacrer,
Ne te souvient-il plus qu'il vint le délivrer?

Les prisonniers gardaient un visage tranquille.

Devant le général qui commande la ville,
Par un cortége épais voilà qu'ils sont conduits.

Rejetant son bonnet, le jeune homme : — « Je suis
Le prince de Talmont, » dit-il; et tout l'atteste,
Le feu de son regard, son maintien et son geste.
« Contre la République en six mois j'ai livré
Soixante-huit combats; je suis donc préparé
A recevoir la mort que j'ai tant vue en face.
Que promptement du moins mon supplice se fasse ! »

Mais un Républicain, le commandant Huard :
— « Pourquoi n'avez-vous pas suivi notre étendard? »

---

[*] C'était l'aubergiste de *Saint-Jacques*, qui, sans l'intervention du prince, eût péri, lors du passage de la Grande-Armée à Fougères.

CHATEAU DE VITRÉ

CHATEAU DE VITRÉ

— « Des La Trémoïlle alors que le Ciel me fit naître,
De Laval, de Vitré, quand le seigneur et maître
Était mon noble père, — héritant de leur foi,
Prince, je me devais tout entier à mon Roi.
J'étais, — on le verra par mon heure dernière, —
Digne de soutenir la royale bannière ! »

III

A Rennes en ce temps un proconsul régnait,
Et Rennes dans le sang comme Nantes baignait.
Lavallée* est cet homme, — hélas ! si du nom d'homme
Ce rival de Carrier mérite qu'on le nomme.

Aujourd'hui quelle joie illumine son front !
Sous ses griffes il tient le prince de Talmont !...
Et, tel qu'un tigre, heureux de jouer dans son antre
Avec sa faible proie avant qu'il ne l'éventre,
Ce matin il a fait du fond de la prison
Amener la victime en sa noire maison,
Sa maison dont les murs ont une odeur de crime.
Sa joie, il la contient ; sa haine, il la comprime,

---

* Esnue-Lavallée.

La couvrant des dehors de la compassion :
— Jamais il n'a tant plaint sa dure mission ;
Ah ! s'il eût été pris dans une autre province,
Il n'aurait pas du moins à juger un tel prince ! —
Puis dans ses questions, tortueux et rampant,
Il cherche à l'enserrer, le captieux serpent,
A lui faire avouer quels compagnons de guerre
Erraient dans le pays, comme il errait naguère.

Le prince sans répondre avait tout écouté :
D'une insulte si basse il n'est point insulté.

Soudain le proconsul, que tant de calme irrite,
Dépouille, furieux, sa douceur hypocrite :
— « J'obtiendrai des aveux, citoyen, il le faut !...
Sinon tu porteras ta tête à l'échafaud ! »

Sentant se révolter tout l'orgueil de sa race,
D'un regard de mépris le jeune homme l'embrasse,
Puis il laisse tomber ces mots sans s'émouvoir :
« *Faites votre métier, moi, j'ai fait mon devoir !* »

IV

C'est à Laval. La foule est grande sur la place ;
Mais ce peuple n'est point la vile populace,
Sans entrailles, pareille aux corbeaux, aux vautours,
Qu'au pied des échafauds on rencontre toujours.
Non, ce n'est point pour voir comment le sang s'écoule,
Que par ce jour glacé s'assemble cette foule.
Sur les fronts accablés se peint trop de douleur :
Ce qui va se passer est un public malheur.
En face du château, la machine abhorrée
Monte, rouge, devant la principale entrée.

Dans les rangs tout à coup un sourd frémissement
Circule et l'on s'écarte.

                Ils viennent lentement :
Le prince laisse un peu Matelinn en arrière.
Leur lèvre à demi-voix murmure une prière.
Par la crainte leurs traits ne sont point altérés ;
Leurs pas sans défaillir gravissent les degrés.

Les yeux sur ce manoir où Dieu l'avait fait naître,
Le jeune homme semblait voir à chaque fenêtre

En armes de combat ses aïeux accourir,
Pour regarder comment leur fils allait mourir !

— « *Vive le Roi !* » dit-il, quand le bourreau s'apprête
A séparer du tronc son héroïque tête.

Un second coup résonne... et puis tout est fini :
Le serviteur au maître est à jamais uni !

Ces têtes, rendez-les maintenant à la terre...
Mais non; pour inspirer un effroi salutaire,
A la porte de ville, — ô spectacle hideux ! —
Sur le fer d'une pique on les met toutes deux,
Pour qu'on juge, à l'aspect de leur affreux supplice,
Comment la Nation sait se faire justice !

LA MORT DE CHARETTE

LA MORT DE CHARETTE

MARS 1796

> « Ainsi se clôt cette royale épopée, par la mort du dernier capitaine de la Vendée et de l'un de ses plus grands hommes. »
> (ÉDOUARD OURLIAC. *Contes du Bocage.*)

I

N buisson effeuillé par les vents de l'hiver,
Mais que le sombre houx couvre d'un manteau vert,
De hauts genêts, — telle est la dernière retraite
Des derniers Vendéens, compagnons de Charette.

Épuisés de travaux, de misère et de faim,

Ils veulent partager son sort jusqu'à la fin,
Ces trente-deux héros, débris de cette Armée
Que plus de cent combats ont ainsi décimée.

S'il fallait relever leur courage abattu,
Ils ont leur général et sa mâle vertu :
Comme un chêne géant plus fort que la tempête,
Sans pouvoir la courber, le malheur bat sa tête ;
Sa tête élève encor ce fier panache blanc
Que la balle effleura tant de fois en sifflant.
Sa main gauche a sorti de sa ceinture blanche
Un des lourds pistolets qu'elle attache à sa hanche,
Et sa droite s'appuie à ce fer glorieux
Que la victoire aimait.

     Au loin portant les yeux,
Il voit de tout buisson jaillir une étincelle
Dénonçant le soldat que tout buisson recèle.
— L'oiseau de proie aux cieux tourne, en rétrécissant
Son essor qui retient le captif impuissant. —
Ainsi de l'ennemi qui l'enserre ; et Charette,
Pour qu'à mieux résister chaque brave s'apprête :
— « C'est ici qu'il nous faut faire un suprême effort !
Luttons, ô Vendéens! luttons jusqu'à la mort ! »

Et la flamme bientôt par la flamme appelée
Brille et fait tressaillir la paisible vallée,

Et sur la ligne en feu du cercle meurtrier
Le clairon au tambour joint son éclat guerrier.
Parfois le bruit s'éteint : quelques lueurs à peine
Font monter dans les airs la fumée incertaine ;
Puis soudain l'on entend des coups plus redoublés
Que ceux des moissonneurs sur la gerbe des blés.
En vain des grenadiers la fureur se déchaîne
Et devient plus terrible ; en vain de chêne en chêne
Leurs rangs aux Vendéens se montrent épaissis,
Lorsque des Vendéens les rangs sont éclaircis ;
Auprès de leurs amis tombés dans le carnage,
Charette et ses tenants s'opposent avec rage
Au flot envahisseur qui gagne pas à pas ;
Charette est un lion qui fait face au trépas :
Malheur aux assaillants ! sa redoutable épée
S'abaisse, se relève, et de sang est trempée !

Mais s'il frappe et s'il tue, on tue et frappe aussi.
Par le fer, par le feu respecté jusqu'ici,
D'une balle son front reçoit l'horrible atteinte,
Et le sang en découle, et sa joue en est teinte ;
Le pistolet ne peut demeurer en sa main,
Dont les lambeaux épars tombent sur le chemin.

Hélas ! de sa valeur périra-t-il victime ?

Dieu suscite plutôt un dévoûment sublime :

Comment périrait-il ?... Peffer veille sur lui!
— « Fuyez, mon général! et quand vous aurez fui,
L'ennemi sur mon front voyant votre panache,
Tout son effort sur moi se dirige et s'attache! »

Plus fier qu'un roi qui ceint le bandeau radieux,
Peffer s'en va montrant le chapeau glorieux,
Et l'ennemi trompé de toutes parts s'élance.
Sa grande mission exaltant sa vaillance,
Peffer, pour succomber aux pieds des combattants,
Veut que de se sauver son chef ait eu le temps.

Or Charette, entouré de sa troupe réduite,
Au fond d'un petit bois a dérobé sa fuite.
D'une triple blessure, hélas! son sang jaillit;
La force l'abandonne, il s'arrête, il pâlit,
Ferme les yeux, chancelle... Ah! c'est sa fin sans doute!
Et puis déjà les Bleus ont découvert sa route...
Mais Charette est tombé dans les bras de Bossard;
Sous son noble fardeau Bossard vole; un coup part,
Et le Vendéen mort roule avec lui sur l'herbe.
Orgueilleux d'hériter de cet honneur superbe,
Un second le saisit; c'est Laroche-Davo :
Un autre coup de feu marque un trépas nouveau.
Mais un troisième enfin, — son nom manque à l'Histoire,
Qui voudrait l'éclairer des rayons de la gloire, —
Un troisième l'emporte, et ses bras plus heureux

ASPREMONT

ASPREMONT

Ont caché le mourant dans un taillis ombreux.
De la Vendée en deuil sonne l'heure dernière;
Avec son défenseur la voilà prisonnière.

Travot s'est avancé, digne et respectueux,
Admirant ce rival, encor majestueux,
Qui, trois ans, aux regards de l'Europe étonnée,
A supporté le poids d'une lutte acharnée;
Ce héros qui, guidant un peuple de héros,
Brisa tant de soldats et tant de généraux!

Charette l'aperçoit, et faible il se soulève :
Aux mains de son vainqueur le vaincu met son glaive.

II

A travers les hameaux et les champs ravagés,
Du Bocage on l'emmène aux murs sombres d'Angers.

Il y subit le sort d'un criminel vulgaire.
Que dis-je? n'est-ce pas la prison d'où naguère
Stofflet, de la fortune, hélas! abandonné,
Vers le funèbre lieu, fier, s'est acheminé?...
Et le captif aussi, que cette idée enflamme,
Croit de son devancier respirer la grande âme :

Stofflet l'a surpassé, Stofflet qui fut martyr !
Il veut l'être ! au supplice il est prêt à partir !...

Elle va l'y mener, cette petite barque.

Comme l'on salûrait au passage un monarque,
Sur les flots de la Loire où la barque glissait,
Sans cesse du canon la voix retentissait.
— C'est la voix du vautour, lorsqu'il frémit de joie
De pouvoir en sa serre étreindre enfin sa proie. —

Aux pâles feux du ciel l'intervalle est franchi,
Et minuit sonne à Nante où la voile a blanchi.

Dans la cité bretonne, à l'aurore naissante,
On entendit monter une rumeur croissante :
— Ainsi l'écueil gémit, que la vague a frappé. —
Le peuple est mécontent, car le peuple est trompé :
— Vous l'incitez aux cris, aux chants, à l'allégresse,
Parce que du Bouffay l'enceinte vengeresse
Retient en ses cachots, accablé sous les fers,
Charette, l'artisan de tant de maux soufferts !...
Charette ? Est-ce bien lui ? N'est-ce point au contraire
Un simple paysan, un Vendéen, un frère ?
Non, vous ne tenez point Charette sous vos lois :
Le Bocage bientôt redira ses exploits...
Le peuple se souvient encor de la journée

Où la paix * le montra dans la ville étonnée ;
Eh bien ! qu'on l'y promène, et le peuple saura
S'il doit se réjouir, — il le reconnaîtra !

— Qu'il soit donc satisfait !

                    Le long de chaque voie,
Un immense cortége à ses yeux se déploie :
— Voici venir d'abord, pressés sous leurs drapeaux,
Ces défenseurs veillant à leur propre repos,
Les soldats-citoyens ; quand leur troupe s'écoule,
Plus nombreuse l'armée aux regards de la foule
Lui succède : imitant la lueur des éclairs,
L'acier de ses reflets illumine les airs ;
A voir des fantassins la surface mouvante,
On dirait tout à coup une forêt vivante.
Les cuivres, les tambours alternant devant eux,
Lancent aux vents émus ces éclats belliqueux
Par qui le sang, plus vif, dans les veines brûlantes
Circule et fait bondir les âmes tressaillantes.
Ils éprouvent aussi de longs tressaillements,
Ces superbes chevaux dont les hennissements,
Et les bonds, les naseaux aspirant la bataille,
Réclament le champ libre et les bruits de mitraille.
Ils sont impatients du frein qui leur défend

  * La paix signée au château de la Jaunais.

De songer aux combats dans ce jour triomphant.
Ce sont les généraux : le soleil étincelle
Sur leurs habits où l'or et s'étale et ruisselle,
Et chaque mouvement, comme de larges fleurs,
Fait flotter sur leur front la plume aux trois couleurs.

Cette pompe, la foule à peine la regarde ;
Mais cet homme enfermé par leur brillante garde,
Cet homme fatigué, dont le pied chancelant
S'efforce de porter le corps faible et tremblant,
C'est lui qu'elle contemple et recherche en tumulte.
La foule à son aspect sent expirer l'insulte.

Comme du prisonnier le visage pâlit !
Dans son œil abattu quelle souffrance on lit !

A travers une écharpe il a la main passée ;
Puis un mouchoir se noue à sa tête blessée
Et d'où sur son habit, — ô tache affreuse à voir ! —
S'épanchent lentement des gouttes de sang noir.

Mais le héros en vain au mal qui le torture
Veut résister, il faut céder à la nature !
— Le cortége un instant s'arrête suspendu :
Charette défaillait, sur le sol étendu !...

Il avait étouffé jusqu'ici toute plainte ;

Mais la douleur l'emporte, et, d'une voix éteinte :
— « Si je vous avais pris, dit-il aux généraux,
On vous eût fusillés sur le champ! »

                          Les bourreaux !
Comme s'il dût, hélas ! expier son génie,
Ils lui font en tous lieux traîner son agonie,
Et quand ils ont repu leur inhumanité,
Charette à son cachot enfin est rejeté.

III

Là, le pauvre captif, solitaire, immobile,
Sur son sein en rêvant penche son front débile.
Qui viendra, qui viendra mêler quelque douceur
A ces amers tourments qui le rongent ?... — Sa sœur !
Elle montre au geôlier de si vives alarmes,
Que le seuil du cachot s'ouvre devant ses larmes.

Son frère l'a reçue en ses embrassements.
Des soupirs, des sanglots et des gémissements
Montent du plus profond de cette âme brisée,
Et d'un ruisseau brûlant sa joue est arrosée.

Perdue en sa douleur, elle pleura longtemps ;
Et seuls lui répondaient les échos sanglotants.
L'émotion gagnait la victime attendrie ;
Charette s'en défend et dit : « O sœur chérie !
Apaise ton angoisse et ne m'affaiblis pas ;
Laisse-moi mon courage entier pour le trépas.
Ma sœur, rappelle-moi plutôt que l'heure est proche,
Et que je dois mourir *sans peur et sans reproche.*
Ah ! si, comme Jésus, Dieu m'abreuve de fiel,
Comme à Jésus aussi Dieu m'apprête le ciel !... »

Des pas précipités dans le corridor sombre
Retentissent ; soudain, du seuil béant dans l'ombre,
Ils entendent rouler une lugubre voix :
Sur terre ils se sont vus pour la dernière fois !

IV

Depuis longtemps déjà sur Nantes qui repose
L'aube avait prolongé son reflet doux et rose,
Et du soleil, déjà bien haut à l'horizon,
La flamme se jouait aux murs de la prison.

Un groupe de soldats, — le jour venant de naître, —
Était entré : debout auprès de la fenêtre,

Tantôt ils se taisaient, tantôt parlaient entre eux ;
Mais si bas, que l'écho restait silencieux.
Comme l'aiguille au pôle est toujours attirée,
Vers l'angle du cachot que la lueur dorée
N'éclaire pas encor de ses rayons joyeux,
Toujours sont attirés leurs regards curieux.

Sur ce lit vous croiriez que celui qui sommeille
Est un homme expiré du matin et qu'on veille ;
Que sur lui du linceul on va jeter le pli,
Et qu'ici-bas enfin son destin est rempli,
Tant à son pâle front la vie est effacée,
Tant son souffle est muet, tant sa lèvre est glacée !

Qu'il ne s'éveille pas ! ce repos bienfaisant,
Ce tranquille repos est un divin présent :
Un ange, de ses mains toutes pleines de songes,
A son esprit charmé verse d'heureux mensonges,
Et, mollement bercé sur les plumes d'argent,
Son esprit fend l'espace où va l'aile nageant ;
Et son œil reconnaît et tour à tour embrasse
Tous les lieux où son pied marqua sa large trace,
Tous ceux où par son bras l'étendard fut planté,
L'étendard proclamant la double royauté.
— Dans les champs de Torfou, l'arme haute, il s'élance
Devant ses bataillons, et lutte de vaillance
Avec les Mayençais et leurs chefs généreux,

Rivaux des Vendéens sachant mourir comme eux !
Ici, c'est Saint-Fulgent, où d'épaisses ténèbres
Dérobent la mêlée en leurs voiles funèbres ;
C'est Noirmoutier, où gronde et le bronze et la mer,
Qu'il emporte et sur l'homme et sur le flot amer.
Ici, malgré le froid, et la faim qui l'assiége,
Sur des canaux gelés et sur un sol de neige,
Il soutient ces combats, immortels désormais,
Suffisants pour qu'un nom ne s'éteigne jamais.
Voilà, voilà ces bois où se dressait sa tente,
Qui s'envolait au vent de la guerre inconstante :
Belleville, Grala, Legé, profonds taillis,
Asiles toujours sûrs pour les Blancs assaillis !

Mais il devait trop tôt s'évanouir, ce rêve,
Qui mettait à ses maux une si douce trêve ;
Le vol du pur Esprit, par degrés abaissé,
Le rapporte au présent des hauteurs du passé.
Soulevant en sursaut sa paupière surprise,
Il croit songer encore et qu'elle s'est méprise :
Ces gardes, cette voûte, ont dessillé ses yeux.
Charette du chrétien fait le signe pieux,
Il prie, et suit bientôt son escorte au prétoire,
Où les juges brûlaient d'interroger sa gloire.

Les soldats l'ont pris calme, et calme ramené :
— A périr ce jour même il était condamné !

LE MARAIS VENDÉEN

O. de Roche Gune fec.   LE MARAIS VENDÉEN   Imp. V A. Cadart, Paris.   Octobre 1874.

Sans que sa grande voix en son nom retentisse,
Il s'abandonne au cours de l'humaine justice :
— « J'ai combattu, je meurs pour mon Dieu, pour mon Roi,
Pour mon pays ! » Son cœur parle ainsi sans effroi.

V

Maintenant, aux genoux du prêtre qui pardonne,
Dernier ami de ceux que le monde abandonne,
Il frappe sa poitrine avec humilité,
Et son âme renaît à la virginité...

Du tambour a roulé le bruit sourd et sinistre,
Et Charette s'avance avec le saint ministre.

Le peuple épie en vain, dans sa froide pâleur,
Des marques de faiblesse, un frisson de douleur.
L'apôtre et le martyr vont récitant ces psaumes
Qui préparent l'entrée aux sublimes royaumes :
— « De mes fautes, Seigneur ! le nombre est accablant !
» Pourtant regardez-moi d'un regard bienveillant,
» Ne me délaissez pas ! J'ai péché, mais j'espère !
» Nos aïeux espéraient, ils invoquaient leur Père ;

» Des pleurs du repentir ils vous voyaient touché :
» Ah ! comme eux, sauvez-moi de la mort du péché !...
» Et puis, n'est-ce pas vous dont la Toute-Puissance
» Dans le sein de ma mère ordonna ma naissance ?
» Oui, vous êtes mon Dieu ! prenez pitié de moi !
» Pitié ! puisque j'ai mis en vous toute ma foi !... »

La foule respectait ces chants de l'agonie;
Une bouche, une seule, exhale l'ironie.
Ce cri ne trouble point la paix du condamné :
Jésus à ses bourreaux, Jésus a pardonné !

— « Non, de l'iniquité, sous l'ombre de vos ailes,
» Seigneur, je ne crains plus les atteintes cruelles :
» Vers vous ma voix s'écrie, et vous brisez soudain
» Ceux-là qui me comblaient d'opprobre et de dédain.
» Leur troupe devant vous se dissipe et s'efface,
» Ainsi qu'une poussière au tourbillon qui passe.
» Et c'est pourquoi, Seigneur, mon âme, comme un luth,
» Chante Celui de qui m'est venu le salut ;
» Et c'est pourquoi mon âme et tous mes os ensemble
» Répèteront : Seigneur ! Seigneur ! qui vous ressemble ? »

Mille et mille soldats couvrent le champ fatal.

Près des rangs meurtriers préparés au signal,

Un cercueil est ouvert : le martyr l'envisage.
— « Mon fils, ne laissez point faiblir votre courage ! »
— « Mon père, j'ai cent fois affronté le trépas ;
Jamais je n'ai tremblé, je ne tremblerai pas ! »

Tous les yeux sont tendus vers sa tête isolée.

Refusant le bandeau, de sa main mutilée
Il écarte l'écharpe, et, ferme en son maintien,
Il indique son cœur : — « Soldats ! ajustez bien !
C'est là qu'on frappe un brave !... »

        Et la balle s'élance...
Et l'on n'entendit plus qu'un lugubre silence !

LE FOUGEROUX

UNE VENDÉENNE

A LA MÉMOIRE

DE MADAME OCTAVE DE ROCHEBRUNE

NÉE ALIX DU FOUGEROUX

Dieu cueille ses élus dans leurs fraîches années.
VICTOR DE LAPRADE.

I

ERRE-NEUVE! *soudain vers toi s'est élancée,*
Comme un fer à l'aimant, ma rêveuse pensée ;
Le cœur l'y conduit sans efforts.
Quels rayons, quelle paix sur toi l'automne épanche!...
Notre-Dame et Saint-Jean aux vêpres du dimanche
Invitent par leurs doux accords.

Voici tes marronniers, voici ta longue allée,
D'où la ville apparaît, lumineuse ou voilée,
 Suivant l'heure et l'éclat du jour.
Mon pas ami se hâte et j'ai franchi ta grille :
O spectacle enchanteur ! tout embaume, tout brille !
 Est-il un plus divin séjour ?

Ici, des fleurs sans nombre, en bandes, en corbeilles,
Calices à nourrir mille ruches d'abeilles,
 Que mêle un doigt capricieux ;
Au centre, un frais tapis, pelouse veloutée,
Encadrant le bassin où retombe, argentée,
 L'eau qui vient de jaillir aux cieux.

Là, c'est le bois touffu que nuance septembre ;
Puis, au fond de l'enclos, la vigne aux grappes d'ambre ;
 Puis la prairie à l'horizon...
Pourtant, si la nature est belle en ce domaine,
Sa puissance le cède à la puissance humaine :
 Le chef-d'œuvre, c'est la maison.

Heureux les habitants de ces murs poétiques,
Où s'enlace le chœur des neuf Muses antiques,
 Debout sur des piliers hardis !
Heureux l'époux, graveur à la main souveraine !
Heureuse sa compagne aux doux regards, — la reine
 De ce terrestre paradis !

LE DÉLUGE

Forêt de Vouvant

Heureux les trois enfants de cette heureuse mère !
Heureux... Mais qu'ai-je vu ?... Non, c'est une chimère,
    Un noir pressentiment trompeur...
Les volets sont fermés partout sur les deux ailes...
Quand le jour luit, pourquoi ces lumières jumelles ?...
    Des sanglots !... Je tremble, et j'ai peur !

II

Seigneur, qu'avez-vous fait ? Ce beau nid de colombe,
Un coup de votre foudre est venu l'écraser !
Ce manoir si riant, ce n'est plus qu'une tombe :
L'épouse a de la Mort reçu le froid baiser !

Entre les cierges saints elle est là, sur sa couche,
Comme un petit enfant qui dort son sommeil pur :
Un sourire ineffable est empreint sur sa bouche ;
La paupière à demi voile ses yeux d'azur.

Belle pendant la vie, elle est deux fois plus belle ;
Jeune encor, de sa fille on la croirait la sœur...
A votre loi, mon Dieu, qui se plia mieux qu'elle ?
Pourquoi donc nous ravir cet ange de douceur ?

O Jésus! pour les cieux certes elle était mûre,
Et digne du palais qu'habite le Très-Haut ;
Mais — si j'ose un regret, qui n'est pas un murmure —
Vous avez, ô Jésus! pris son âme trop tôt.

Que nous dit la douleur des enfants et du père?
— C'était le bouclier dans leur humain combat ;
La force, à l'heure sombre où l'on se désespère ;
Le charme et la gaîté que nul souci n'abat.

Son œil vous caressait comme un œil de gazelle ;
Qui l'approchait un jour jamais ne l'oubliait.
La foi, l'amour, l'espoir, l'enflammaient, et son zèle
Se faisait tout à tous et se multipliait.

Elle volait, si bonne! au cri de la souffrance!
Simple avec les petits et simple avec les grands,
C'est aux déshérités qu'allait sa préférence :
Sa louange — écoutez! — monte de tous les rangs.

Et moi, je veux aussi qu'on entende la mienne ;
La Muse veut mêler ses plaintes à ce chœur :
Elle glorifira l'humble et forte chrétienne,
Elle qui vit de près se répandre son cœur.

III

Par ceux — rares, hélas! — qui dans notre Vendée
Ont dévoué leur vie au culte de l'idée;
Par ceux qu'en France émeut le prestige du beau,
Pour votre saint respect, votre amour du génie,
    Soyez saluée et bénie,
Sur votre lit de mort et dans votre tombeau !

Vous êtes un exemple en un temps si frivole :
Combien vous la plaigniez, cette foule qui vole
Partout où la Folie agite ses grelots !...
Vous n'auriez point, aux bals, aux festins, au théâtre,
    Sacrifié ce coin de l'âtre
Où tant de fiers projets devant vous sont éclos.

Dans l'époux près de qui le Ciel voulut vous mettre,
Vous sûtes pressentir qu'il existait un maître,
Un ardent pionnier qui fraîrait un chemin.
La fleur croît par degrés et veut qu'on la cultive;
    Cette fleur de l'art, si craintive,
Que ne doit-elle pas à votre tendre main?

Sous la voûte aux arceaux venus du moyen âge,
Pendant que le graveur poursuit son lent ouvrage,

Vous aidez son effort d'un mot encourageant :
Lui, travaille à couvrir son nom d'un peu de gloire,
    Et vous, œuvre plus méritoire,
Vous travaillez sans trêve à couvrir l'indigent.

Moments délicieux, moments faits pour vous plaire,
Vous vîtes le labeur recueillir son salaire ;
L'aurore, enfin, briller sur l'atelier obscur ;
Émerger de la nuit la tête bien-aimée,
    Et vers toi, noble Renommée,
L'hôte de Terre-Neuve avancer d'un pas sûr.

Est-ce là qu'il finit, votre admirable rôle ?...
Non ! pour vous peindre mieux, encore une parole,
Un éloge — vos fils diront s'il est menteur.
Vous êtes belle à voir, si l'on cherche l'épouse ;
    Mais, de tous vos devoirs jalouse,
Mère, êtes-vous montée à la même hauteur ?...

IV

C'était, comme ce soir, un des soirs de l'automne :
Le ciel s'était drapé d'un voile monotone ;
Vos arbres, déjà nus, se lamentaient dans l'air ;

LA PÉNISSIÈRE

LA PÉNISSIÈRE.

Le froid pesait au cœur comme sur la nature,
    Avant-coureur de la torture
Dont Dieu nous châtia tout un horrible hiver.

Noirs désastres ! — Le sang bouillonnait dans vos veines,
Le sang de vos aïeux, le sang des Vendéennes,
Sur leurs foyers détruits mourant, fusil au poing !
Quand la France agonise, ô sort à faire envie !
    Pour l'empêcher d'être asservie,
De Terre-Neuve un preux ne sortira donc point ?...

Du siége où vous pleurez un de vos fils s'approche :
— « Je veux, étant sans peur, être aussi sans reproche.
» Mon âge me permet le repos près de vous ;
» Mais je brûle d'aller combattre sous Charette...
    » A tout péril ma vie est prête :
» Mère ! bénissez-moi, je suis à vos genoux ! »

— « Va, mon fils ! et que Dieu prenne en pitié nos armes ! »
Il partit ; vous versiez de généreuses larmes.
A l'appel du danger il ne dit jamais non :
Enfant par sa stature et géant par son âme,
    Patay, Le Mans, ont de leur flamme
Ennobli sa jeunesse et baptisé son nom !

La paix vint ; triste paix ! — L'héroïque zouave
Comme au champ de bataille au champ d'étude est brave.

L'étude a ses blessés et ses morts : il pâlit,
Souffre, seul, et vous tait la fièvre qui l'accable ;
　　Mais contre le mal implacable
Vous courûtes lutter au chevet de son lit.

Implacable! il le fut... pour vous, femme sublime!
C'est vous, et non l'enfant, qui tombez sa victime!...
Tu nous coûtes bien cher, dévoûment maternel !...
Pauvres, amis, parents, ah! que Dieu nous soutienne!
　　Pour nous, pour la France, ô chrétienne,
Priez, priez là-haut : l'instant est solennel!...

Avant qu'on ne l'emporte à la funèbre enceinte,
Cueillons tous et semons des fleurs sur cette sainte,
Les fleurs qu'elle soignait, son luxe et son orgueil.
Vous, témoins de ses jours, Fougeroux, Terre-Neuve,
　　Pleurez, pleurez comme une veuve :
Votre enfant, votre reine, on la donne au cercueil!

Nantes, 20 octobre 1872.

CHATEAUDUN

CHATEAUDUN

TABLES

TABLE DES POËMES

A Octave de Rochebrune VII

LE SAINT D'ANJOU I
LE RÉGULUS NANTAIS 37
TORFOU 53
LE PROCONSUL 73
MONSIEUR HENRI 87
LE PASSAGE DE LA LOIRE 121
LES FUNÉRAILLES 139
ANGÉLIQUE DES MELLIERS 185
MAITRE ET SERVITEUR 201
LA MORT DE CHARETTE 213

Une Vendéenne 231

TABLE DES EAUX-FORTES

Frontispice.	II
Terre-Neuve	VII
Clisson. — *La Poterne*	VIII
Bois de la Folie. — *Pouzauges*	X
Chaumière de Cathelineau	20
Marie-Jeanne.	24
Donjon de la Flocellière.	38
Grands Chataigniers de la Citardière	42
Grosse Tour de Tiffauges.	55
Vallée de Mortagne-sur-Sèvre	56
Chateau de Clisson	66
Le Puits d'Enfer. — *Saint-Jean-d'Orbestier*	68
Mortagne.	70
Le Colysée	75
Nantes. — *Le Château*.	78
Nantes. — *Le Bouffay*.	82
Le Bouffay.	84
Une Métairie vendéenne	88
Le Calvaire de Mervent.	108
Mervent	112
Chateau de Saumur.	116

Restes de l'habitation de Bonchamps.	136
Carnac et Quiberon.	144
Josselin.	148
Église de Dol.	158
Angers.	168
Laval.	194
Fougères.	204
Chateau de Vitré.	208
Aspremont.	218
Le Marais vendéen.	226
Le Fougeroux.	233
Le Déluge.	234
La Pénissière.	238
Chateaudun.	240

La marque des imprimeurs, les deux culs-de-lampe fleurdelisés, la tête de page et les lettres ornées, ont été gravés sur bois, par MM. Bisson et Jacquet, d'après les dessins de M. Octave de Rochebrune.

Achevé d'imprimer

PAR VINCENT FOREST ET ÉMILE GRIMAUD

A NANTES

LE PREMIER DÉCEMBRE M DCCC LXXV

DU MÊME AUTEUR

FLEURS DE VENDÉE (Paris, Dentu). . . . .   1 vol.

SCÈNES POÉTIQUES (Nantes, Vincent Forest) . . . .   1 vol.

CHANTS DU BOCAGE VENDÉEN, avec sept eaux-fortes par
  Octave de Rochebrune (Paris, Alphonse Lemerre) . . . . .   1 vol.

LES POÈTES LAURÉATS DE L'ACADÉMIE FRANÇAISE.
  Recueil des poëmes couronnés depuis 1800, avec une Introduction et des Notices biographiques et littéraires, par Edmond Biré
  et Émile Grimaud (Paris, Bray et Retaux). . . . .   2 vol.

LE FILS DU GARDE-CHASSE. Récit vendéen, avec une eau-forte
  par Octave de Rochebrune (Nantes, Morel). . . . .   1 vol.

PETITS DRAMES VENDÉENS. *Poëmes et Sonnets.* (Paris,
  Alphonse Lemerre.) . . . .   1 vol.

POUR PARAITRE

RÉCITS VENDÉENS : *La Métairie brûlée. — Un Déjeûner républicain. —
  Fleur-de-Lys et Travot. — Le Fils du Garde-chasse.* . . .   1 vol.

www.ingramcontent.com/pod-product-compliance
Lightning Source LLC
Chambersburg PA
CBHW052132230426
43671CB00009B/1212